１－１　3.8 国際女性デーの集い

旧金鉱山の女性グループは地区毎に制服姿で集まって祝う。本文五（一）。

１－２　WOLD の代表（手前）とスタッフ

ダリット居住区にできたグループ用の新築の小屋で。本文四（一）。

１－３　ただ今、集会中

超満員の小屋で活発に議論するダリット女性たち。本文四（一）。

カバー表

WOLD の門とスタッフが描いたコーラム（ランゴリ）。

カバー裏

WOLD のスタッフやワーカーたちと。

WOLD 農村女性センター

本文四（一）

2－1　ピーナッツ畑で

WOLD センターの畑で賃労働する女性会員。

2－2　WOLD センターを訪ねてきたグループ

定期的なトレーニングや相談で、センターに集う女性たち。

2－3　センターでの昼食

キリスト教女性センター・ニームの会のインド研修ツアーで。

2－4　コーラムを描くスタッフ

招福のコーラム（ランゴリ）は米粉などで下絵なしに地面や土壁に描く。

2－5　WOLD センターの門前のコーラム

本書の表紙カバーも同じ。

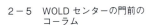

TN（タミール・ナードゥ）州・メルマライアヌル地区１（タミル語）

本文四（一）

３－１　小学校裏で

小学校の給食づくりで働く女性たち。

３－２　ダリット村の子どもたち

小学校とヒンドゥー寺院前の広場に集合。近年は女子も増えた。

３－３　太鼓叩きはダリット男性の仕事

日本からの研修ツアーを迎え入れて、少年たちが踊ってくれた。

３－４　ダリット教会

礼拝後の集会で、WOLD作詞のグループ・ソングを歌いながら踊る女性たち。

３－５　村の結婚式

通りかかってお祝いのスイーツを受取る筆者。

TN州・メルマライアヌル地区２（タミル語、ウルドゥ語）

本文四（一）

４－１　巡礼の親子

ヒンドゥー寺院を目指しながら、道路脇の井戸で身体を洗う。

４－２　檸檬ジュース売り

街道で働く母娘。

４－３　昼食に帰宅する児童

ムスリムの子どもたち。

４－４　日雇いで田植え

農作業するダリット女性の日当は夫や息子が受け取る。

４－５　水を待つバケツ

朝と夕方しか出ない水を待って、バケツが並ぶ。

TN州・アールニ地区１（タミル語）

本文四（二）

5－1　ガネーシャ祭り

象頭神の祭りは、地区毎の神像が最終日に一斉に行列して川に向かう。本文229頁。

5－2　シヴァ寺院

南インドで最大級のシヴァ寺院の１つで、全国から巡礼者が来る。本文244頁。

5－3　国連ハビタットが
つくった小屋の前で

何年も前にできた小屋を自助グループが活用している。昼間は明るい外で。

5－4　サトウキビ・ジュース

外で疲れた時は新鮮な絞り汁を。

5－5　村の女性

日雇い作業にあぶれた女性たち。以前はこんな姿が多かった。

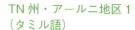

TN州・アールニ地区２（タミル語）

本文四（三）

６－１　結婚式の案内板

元女優の州首相と政治家の顔が並び、婚姻する両家のカースト名が入っている。本文224頁。

６－２　アールニの絹織物工場

インド全土に名を知られる産地だが、重労働だから織工は男性のみという。

６－３　キリスト教の婚約式

婚約式だが、インドの婚姻儀礼は宗教を問わず盛大かつ長い。本文227頁。

６－４　アンベードカル博士

「不可触民解放の父」と呼ばれ、ダリット村の入り口の像が増えている。本文238頁。

６－５　裁縫教室の女性たち

WELの広間はトレーニングを兼ねた洋裁場だった。

TN州・コインバトル県
(タミル語、部族語)

本文四 (三)

7－1　アディヴァーシーの
　　　きょうだい

お父さんに頼まれて撮った記念写真。

7－2　アディヴァーシーの
　　　リーダーの一家

休日の雨のプランテーションで静かに話を聴いた。

7－3　干物売りの女性

インドで魚を食べるのは低カーストで、菜食の高カーストにはタブーである。

7－4　花売り

家庭でも寺院でもヒンドゥーの神像に日々、花を供える。髪にも飾る。

7－5　ヒンドゥーの葬列

町中でよく見かける川岸への葬列。但しダリットは火葬を禁じられてきた。

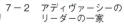

カルナータカ（KN）州・KGF 地区（タミル語、カンナダ語）

本文五（一）

8－1　ＫＧＦＷＡのスタッフ

旧鉱山労働者の居住地域をオートリキシャ（自動三輪車）と徒歩で訪ねる。

8－2　ボタ山の上で

KGF のボタ山は広大で、インド映画のダンスシーンの撮影によく使われる。

8－3　街中を歩く牛

インドは町中が牛の放牧場で、朝、搾乳を済ませると、自由に歩いている。

8－4　グループの集会

国際女性デーに制服姿で集った女性たち。

8－5　鉱山住宅の入り口で

夜は蓄電式の太陽光発電を使っているが、昼間は外で。

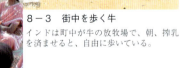

KN州・コーラル県農村部1（カンナダ語、その他の州の言語）

本文五（二）

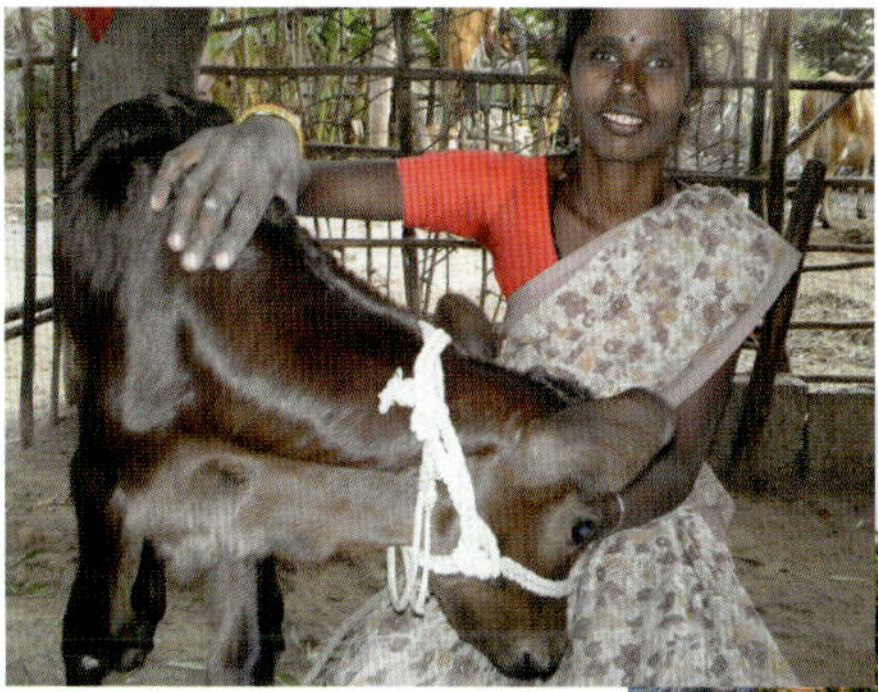

9－1　牛の世話

自助グループのローンで初めて購入した大事な牛。

9－2　農村の家

コーラル県の典型的な農家の前庭。

9－3　自助グループをつくって

良くなったこと、苦労すること、いろいろとお聞きした。

9－4　花のコーラム

シスターが創った礼拝堂は他宗教との対話の場所でもある。

9－5　ＫＧＦＷＡの代表（中央）とスタッフたち

創立者の前代表の突然の死去で困難を抱えながらも、事務所の前で。

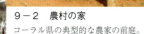

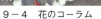

KN州・コーラル県農村部 2 （カンナダ語、その他の州の言語）

本文五（二）

10－1　シルク糸

グループからのローンで糸紡ぎをする女性。

10－2　子どもも共に

グループの集まりにはいつも子どもたちがいる。

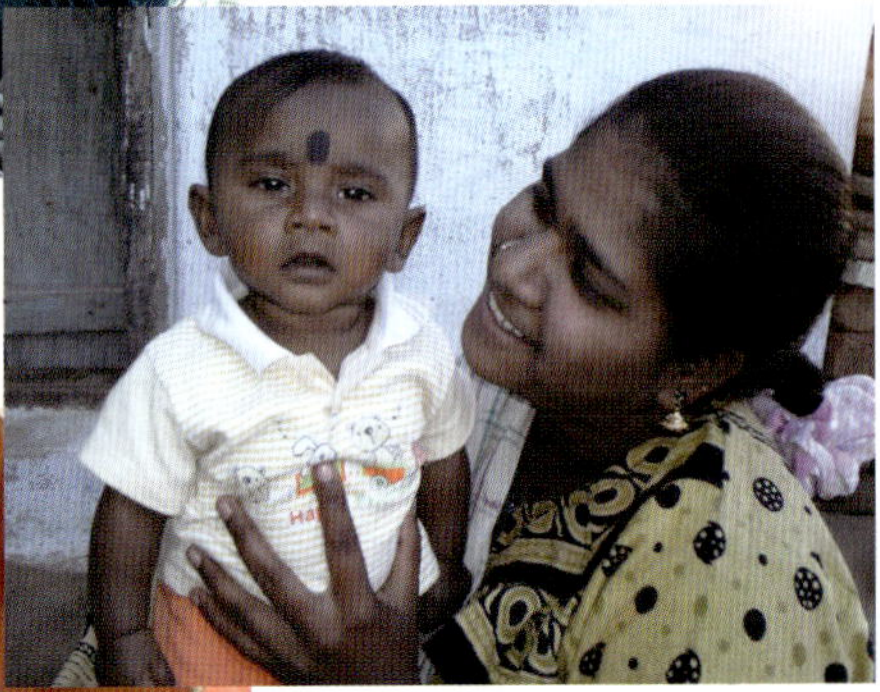

10－3　元気に育ってね

幼児の額には魔除けの炭が塗られている。

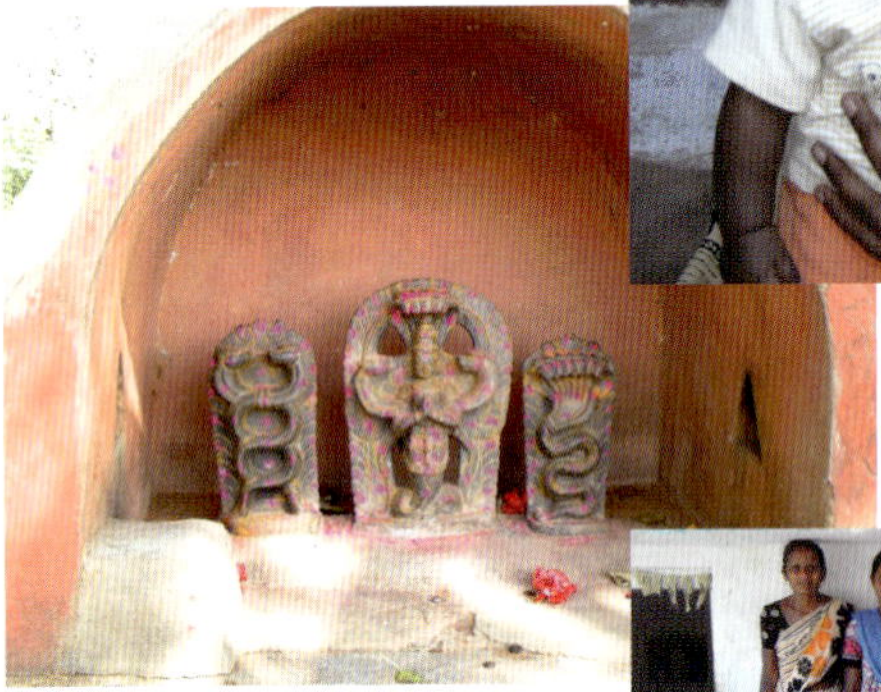

10－4　蛇神信仰

インドの村には大地母神や太陽神信仰に起源すると言われる蛇神の祠が多い。

10－5　クシャトリア階層の女性グループ

マハラシュトラ州のマラティ語を話す共同体に新婦が加わった。

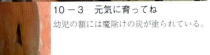

グジャラート州１
（グジャラート語、ウルドゥ語）

本文六（二）

11－1　ＳＥＷＡ本部の敷地で

SEWA 本部は終日、訪問者で賑わっており、外でもミーティングが。

11－2　魚の市場で

魚協同組合の会員となって働く女性。

11－3　線香工場で

線香はインドの輸出品だが、たいへんな作業である。

11－4　ミルク協同組合の女性たち

毎朝晩、自分の牛のミルクを絞って組合に持ってくる。

11－5　植林協同組合の女性たち

織物組合の女性たちが織った緑色のサリーで客を迎える。

グジャラート州・ボデリの農村部　（グジャラート語）

本文六（二）

12－1　ラタンプール村の合同家族の女性たちと

男性が酒を飲まないので、貧しいが仲良く暮らしているという。

12－2　ラージプット村の女性グループ

８つの自助グループの集合。ラージプットは高カーストでプライド高い。

12－3　ラトワ族の女性たち

広い森林地帯を利用して、堆肥で有機農業をしている。

12－4　ラトワ族の女性グループ

スッキダムによって移住させられた同族の話を聞いた。

12－5　ラトワ族の大家族

伝統的な家屋で大家族が一緒に暮らしている。このような家屋は減ってきている。

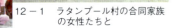

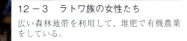

グジャラート州２（グジャラート語、ウルドゥ語）

本文六（一）（二）

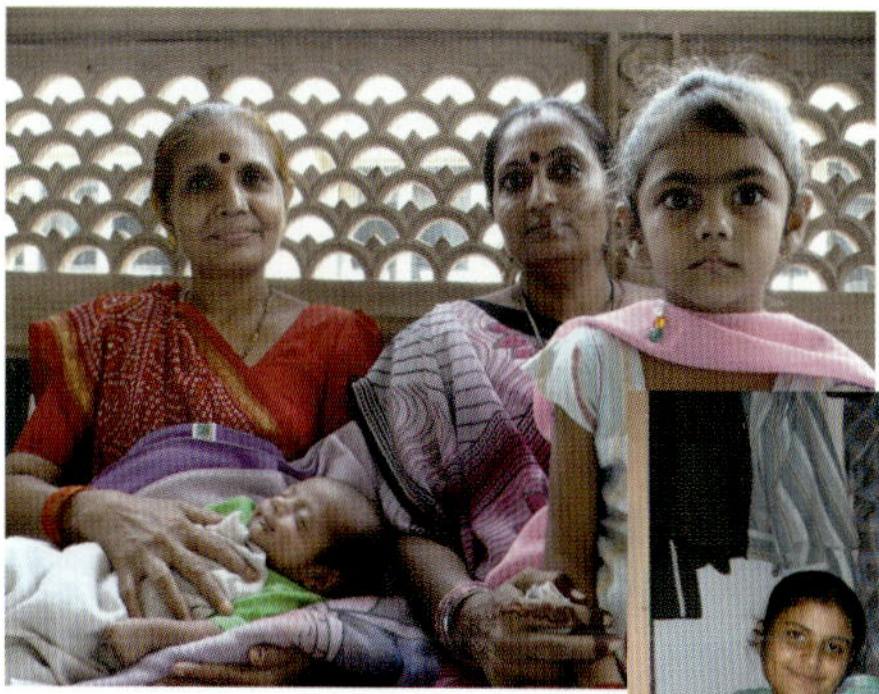

13－1　ヒンドゥー寺院でくつろぐ家族

クリシュナ寺院やハンヌマン寺院など数多くの寺院がある。

13－2　ムスリムの仲良し従姉妹

インドは大英帝国からパキスタンと分離独立したが、グジャラート州のムスリム人口は高く、差別されている。

13－3　ムスリムの避難民の共同体

2002 年のヒンドゥーの対ムスリム暴動事件の避難民が暮らしている。本文 236 頁。

13－5
ガネーシャ神の絵像

農村のダリット居住区の暗い家の中に祀られていた。

13－4　野菜マーケット

菜食州であるグジャラートには至るところに野菜市がある。

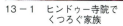

西ベンガル州農村部１
（ベンガル語、ウルドゥ語）

本文七（三）

14－1　籾干し

日本の昔の田舎に似た光景。

14－2　椰子とため池の田舎道

ベンガルの典型的な農村の道。

14－3　ため池で魚の養殖

グループのローンで自宅のため池を利用して始めたが、むつかしいという。

14－4　村でくつろぐ女性

のんびりさが伝わってくる。

14－5　女性グループの集合

村のすべてのカースト混成のグループで、ダリットも一緒に活動。

西ベンガル州農村部２
（ベンガル語、ウルドゥ語）

本文七（一）（三）

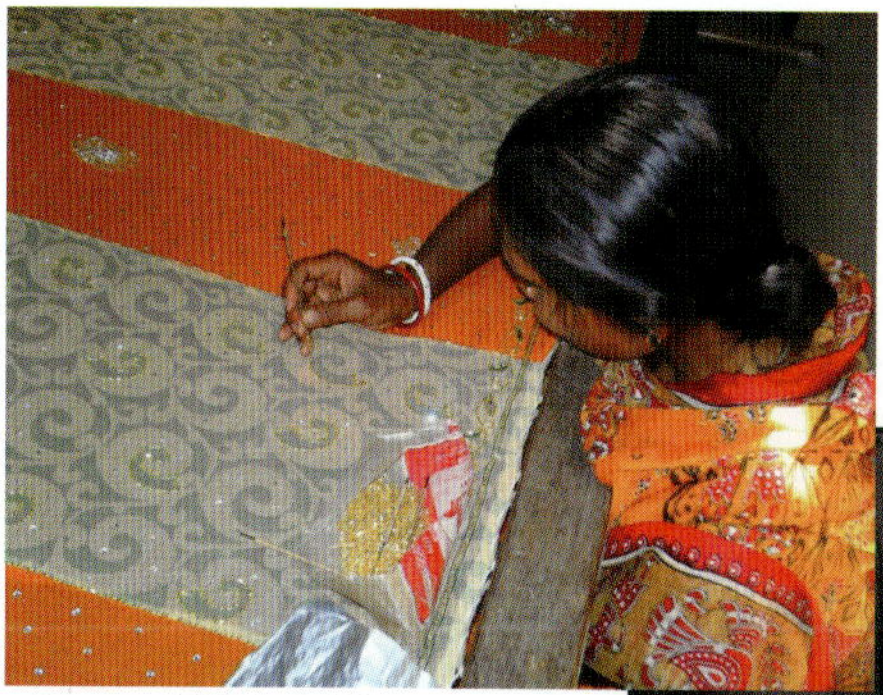

15－1　刺繍する女性

刺繍は女性たちの現金収入の道。

15－2　食事の支度

食事づくりは昔ながらで、女性の重労働のひとつ。

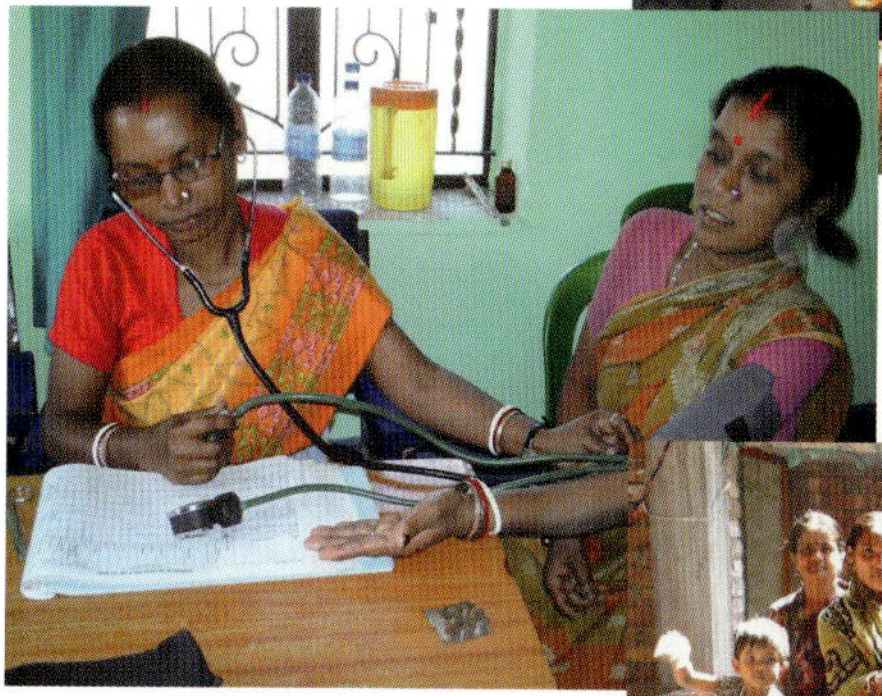

15－3　巡回の保健婦さん

病院が近くにないので、定期的に診てもらう。

15－4　楽しい集まり

NGO から離れて自分たちで活動している元気なグループ。

15－5　アルニーマ・ホスピスの女性たちのラビット

自立のための作品を手作りし、バザーなどに出している。

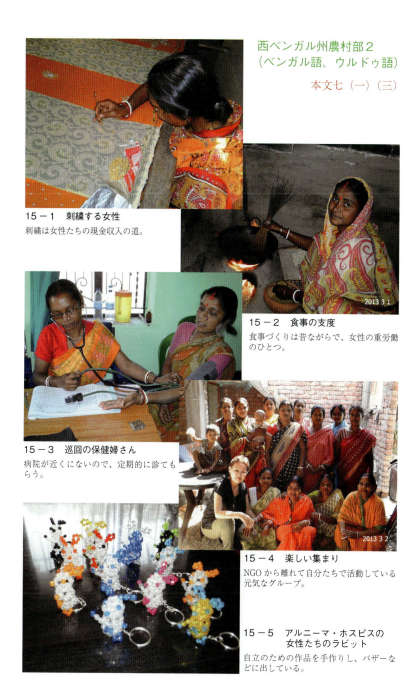

16－1　古代神殿のヒンドゥーの女神像

女神のシャクティ（性力、エネルギー）への信仰が根本にある。本文 243 頁。

16－2　紫のサリーを着たヒンドゥーの女神像

ヒンドゥーは神像に衣装を着せるが、紫はヒンドゥーの女性たちも参るカトリック教会の祭礼の司教の式服の色でもある。また、フェミニズムの色でもある。

16－3　ココナッツの植樹

聖なる木である椰子はダリット居住区にはタブーだった。キリスト教女性センターの研修ツアーで WOLD に植樹する。

インド・ダリットの女たち

明日を拓くための
自助グループづくり

山下明子

かんよう出版

インドの州地図

※本文とは表記の異なる場合があります。

まえがき

インドは多民族、多言語国家であり、かつ西洋と東洋の間に位置する歴史的にも独自の文化と社会制度をもつ国である。人口の約八〇%はヒンドゥー教徒であり、古来のカースト制の慣行が続いている。農村部では、カースト抜きに日常生活は成り立たず、女性への影響はとくに強い。これは最底辺の被差別カースト（ダリット）や少数部族民（アディヴァーシー）に信徒が多いムスリムやキリスト教徒、仏教徒の場合も、ヒンドゥー教徒と同様である。

人口的には膨大な層（インド人口の二五%以上）でありながら、とくにこのダリットとアディヴァーシーの女性たちについては、研究者による学術研究も政府による公式の調査や記録、統計もほとんどないに等しい状態が現在も続いている。一方、インド政府は深刻化する経済格差に対しては、「貧困女性」対象のマイクロクレジット制度や農村雇用カードの持ち主に特定した公共事業政策などを実施している。低賃金の日雇い労働によって一家の生計を担う女性が、都市と農村を問わず増えているからである。また、このような貧困女性たちの経済的な自立を支援する目的で活動しているNGOやNPOも数多く、大半がなんらかの形で政府の事業に協力あるいは連携している。

私は、一九八四年からの一年半、インドに滞在して都市と農村のダリット女性の間で宗教とジェンダーについての調査を行ったのだが、その時以来、南インドのタミール・ナードゥ州の農村部で活動する最下層カーストの女性の運動体やNGOと関わりをもってきた。この地域の下層女性たちは、性差別やカースト差別による暴力に加えて、貧困、借金、宗教間紛争などで分断され、それぞれが文字通りの孤立状態で暮らしていた。

これらの草の根運動体とNGOの女性たちは、長い時間をかけて、危険を冒しながらも地域の村々やそれぞれの村の外れにあるダリット居住区に入ってきた。そして、この地区全体が二〇〇〇年からの一〇年間ほどで驚くほど大きく変化した。マイクロクレジットの女性自助グループ（SHG）が一五〇〇以上生まれ、カーストや宗教、さらに村単位やパンチャヤート（インドの村落の自治行政組織）をこえたSHG間の協力関係も生まれている。男性や上位カーストの態度も徐々に変化している。現在では貧困男性の自助グループも生まれている。自助グループの連携した働きが社会変化をおこしている。

しかし、非常に僻地の農村部であり、水不足や農業の機械化などで土地を手放さざるをえない零細農民も多い。カーストを問わず日雇い農業労働をするしかない家族や女性がますます増えているために、農村での経済的自立は容易ではない。自殺者も多い。自助グループをつくり、融資を受けて起業しても失敗する場合も多い。しかも、二〇〇六年来、SHGは政府直轄の事業となった。

これまで政府の委託をうけていたＮＧＯの多くは、トレーニングにも独自の女性エンパワーメントの手法を取り入れてきた。読み書きができない女性たちを組織化し、自立的にすることで、女性たち自身の協力関係が広がり、周囲にさらにグループができてきたのである。政府の担当役人が配属された後も、ＮＧＯはグループや個人からの相談に対応しつつ、アドバイスやトレーニングをボランティアで引き続き行っている。

しかしながら、すでに変化はさまざまな形で起きている。私が知っている限りでも、別の州では、従来の女性ＮＧＯの活動は完全に停止し、ダリット女性の自助グループについてはほとんどが解体している。地域による格差も大きく、どのようなグループが経済的には貧しいながらも自立することができたのか、またどのような地域で、なぜ失敗しているのか、これらの要因を明らかにする必要がある。

そこで、今回、調査目的を以下にしぼって研究を行った。

多くの貧困女性のＳＨＧが生まれ、彼女たちが活動することによって、女性たち自身の生活はもとより、何千年来の古いカースト支配が続いてきた地域にも歴史的な変化が起きた。では、どのような変化が、どのようにして起きたのか。また、インドでも進行するグローバル経済下で、土地無し農民の貧困女性たちの経済的自立はどのように可能なのか。自助グループはつくったが失敗して解体したグループにはどのような共通要因があるのか。

私がこれまで見たところでは、地域のグループ間の協力関係が不可欠であるが、カーストや宗教間の壁、また既得権益層の妨害も大きい。この壁を女性たちはどのように破っているのかを、個々のグループや個人などに面談し、ていねいに調査する必要があった。奥深い農村部では広大な地域に村が散在しており、交通の便が非常に悪い。ましてダリットの居住区は、さらに村外れにあり、電話どころか電気もないところが大半であった。地域のＮＧＯの協力を得ながら自助グループを訪ねて、活動の中心である貯蓄と少額融資による起業の内容、困難な点について聞いた。また、政府の施策や担当役人の指導方法について直接、間接に聞いていった。

さらに、かつてＭ・ガンディーが非暴力の独立運動を行った西インドのグジャラート州では、インド最大の女性自営組合であるＳＥＷＡの協力を得て、都市と農村の貧困女性の経済的自立の状況を調べて、南インドの場合との比較を行った。また、かつてイギリスのインド植民地の首都であったインド東部の西ベンガル州のコルカタとその周辺の農村でも同様の調査を行った。

インドのカースト社会の最下層で、「アンタッチャブル」(不可触民）として人間扱いされずに生きてきた、しかもジェンダー差別によって自分たちの男からも暴力を受けてきた女たちが、運命だと諦めずに、明日を拓くためにどのように立ち上がったのか。インド政府の貧困女性対象の施策の変化、キリスト教系のＮＧＯの働き方、そして、強まるグローバル経済とヒンドゥー・ナショナリズム、軍事主義の下でのダリット女性の日常を複合的に観察した報告書が本書である。

この調査は二〇一〇年から一三年にかけての三年間で行ったが、実質的には一九八四年来の継続である。『インド・不可触民の女たち』(明石書店、一九八六年）に続いて、インドのダリットの女たちの現況とその願いを伝えることができるならば幸いである。

二〇一八年四月

山下　明子

目次

目　次

目　次

インド・ダリットの女たち――明日を拓くための自助グループづくり

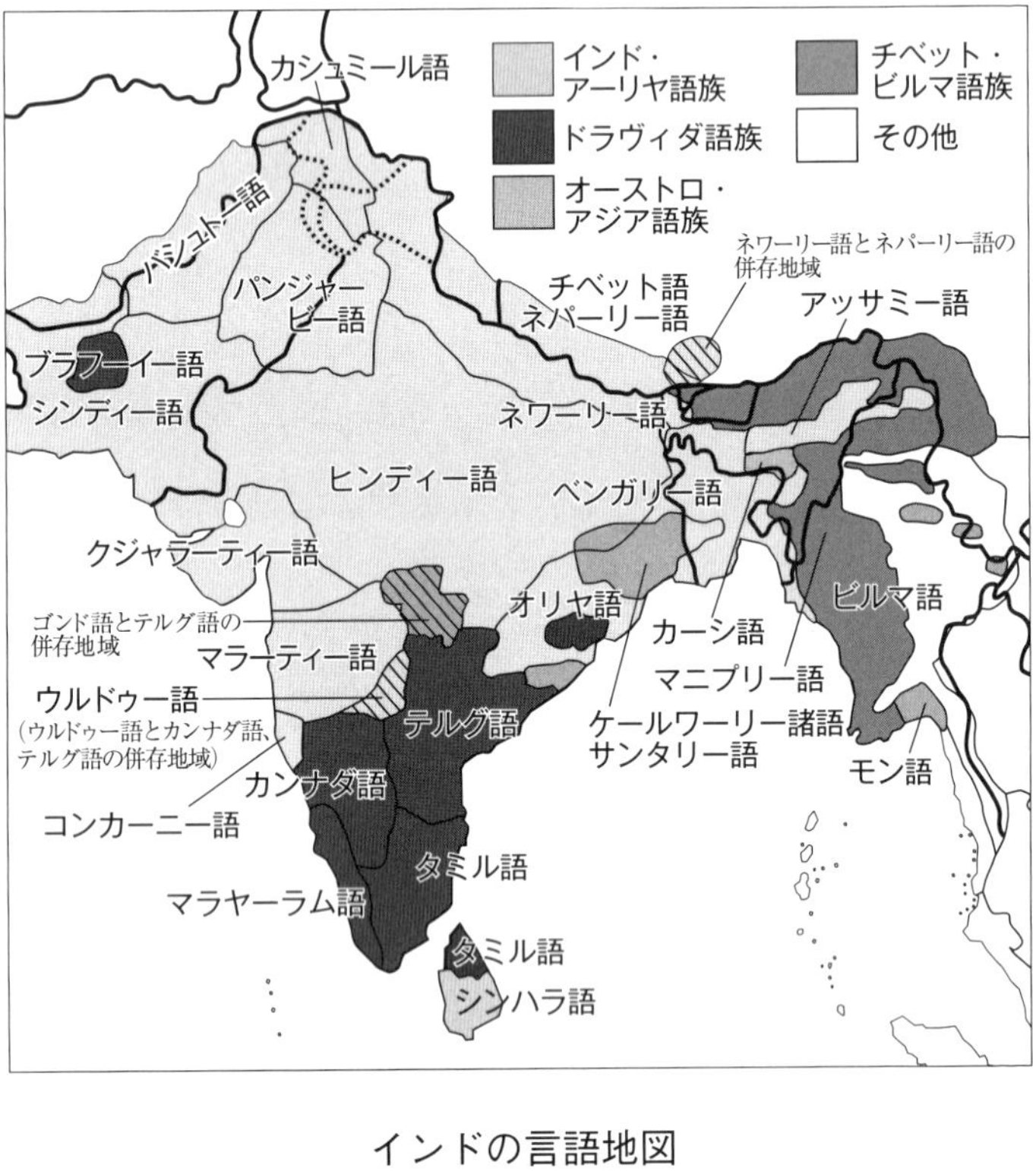

インドの言語地図

※本文とは表記の異なる場合があります。

一　はじめに ― 視点と調査方法

経済のグローバル化とそれに伴うような軍事化が世界に広がるなかで、開発途上国だけではなく、先進国でも経済格差による貧困と社会的排除の問題が深刻になってきている。また、「貧困の女性化」[1]が顕著になるなかで、開発における女性の権利とエンパワーメントの重要性が認識されるようになった。アジアでも多くの女性NGOが、女性差別撤廃条約や第四回国連女性会議（一九九五年）の政府行動綱領の実現をめざして、自国の政府や司法、慣習の壁と草の根レベルで立ち向かいながら活動している。このような働きが成功して地域全体が大きく変化したところもあれば、失敗したNGOも多い。

本調査は筆者が一九八〇年代前半から関わりを持っているインドの農村の貧困女性、とくにカースト制度の最下層のダリット[2]やアディヴァーシー（「トライバル」[3]）の女性たちに焦点をあてたものである。

インドは人口が一二億人をこえる巨大な連邦共和国である。民族や人種、風土の違いはもとより制度的な理由からも、地域によってかなりの差異がある。それは言語において特に著しく、方言を入れれば約二〇〇〇語が知られている。独立後の州制度によって、インドには現在、二八州と五つの連邦直轄地があり、準公用語とされる英語を除いて、二二の公用語が憲法（二〇〇八年の第八附則）で指定されている。

中央政府がヒンディ語と英語を使用する一方、州単位で公用語を定めている。そこで、州をこえてコミュニケーションができるには、北インドではヒンディ語と英語が、南インドでは英語力のある者が優位になる。さらにイスラーム教徒の場合、モスクやその学校ではウルドゥ語が使われるが、ウルドゥ語が公用語であるのはジャンム・カシミール州のみである。言語力の優位性を得るためには教育レベル[4]とカーストを中心とした親族環境が重要視される。ダリットやアディヴァーシーの場合、州の公用語の中でもさらに独特の大小の言語集団であるために、ほとんどが公用語からも疎外されている。大半が農村や森林地帯に居住するという理由だけではない。近くの州境を越えて隣の州都に移ってスラム住まいする家族も多いが、そこでは新たな言語の壁がある。子どもたちは無料の

12年卒の州の資格試験の子どもを待つ親たち

公立学校であっても、生まれた州の言語とも家庭での母語とも異なる言語の学校に通わなければならない。そこに教師による差別が加われば、ドロップアウトが多くなる。

このような環境に育ち、ジェンダーバイアスも重なるために、一五才以上のダリットとアディヴァーシーの貧困女性は現在もほとんどが非識字者である。[5] インドではカースト、ジェンダー、さらに言語が、貧困女性の自立問題と政治的にも深くつながっている。一般に貧困層とは、国連あるいは当該政府が定める貧困ライン以下（ＢＰＬ）の層のことであるが、インドの場合の貧困層とは、極端な貧困層、貧困層、ＢＰＬのボーダーラインの層、そして政治的カテゴリーである「その他の後進諸階層」（ＯＢＣ）に分けられる。八〇％以上が農山村に住むダリットとアディヴァーシーの女性は大半が「極端な貧困層」になる。このような女性たちが経済的に自立するには個人の力だけでは限界がある。

筆者は、南インドのタミール・ナードゥ州およびカルナータカ州、西インドのグジャラート州、東インドの西ベンガル州の農村を中心に、地元の女性ＮＧＯなどの協力を得て調査を行った。これらのＮＧＯは政府の貧困女性対象の政策を利用して、村々にマイクロクレジットに基づく自助グループ（ＳＨＧ、Self Help Group）をつくり、それをトレーニングすることで最下層の女性たちの経済的、社会的、政治的な自立を図ろうとしてきた。

調査の方法としては、ＳＨＧに対しては質問用紙を使った記入と個人面談の両方の方式をとった。記入については、識字能力のあるグループ・リーダーが筆者も交えて各会員から聞き書きして署名をもらったものと、筆者が通訳を介して直に質問したものがある。面談については、立ち会ったワーカー自身が地元の貧困女性の場合、また質問者が長年の馴染みの外国人である土地では、インフォーマントの話を止めるのが困難なほどの個人情報が語られ、村の実情や性的な暴力の問題もクローズアップされた。調査が二回目になる西インドのグジャラート州では、ガンディー主義の女性自営労組ＳＥＷＡ（Self-Employed Women's Association）による協同組合活動および農村でのＳＨＧづくりを調査した。南インドの場合と比較しながら、貧困女性たちがインドのカーストや宗教間対立を越える力をいかに獲得できるかについて考察した。東インドのベンガル州は、かつてグジャラートで非暴力抵抗の独立運動をＭ・ガンディーが指導したのとは対照的に、武装闘争による独立運動の中心地になった土地であり、イギリスのインド植民地支配の首都でもあった。ガンディー主義のＳＥＷＡとも比較しながら、ベンガルの女性グループについて調べた。

今日、世界的に軍事主義が強まり、ジェンダーの再編もあらわになっている。インドにおいても新帝国主義的なグローバル化に女性も巻き込まれている。このような中で政治的な腐敗や利権がらみの汚職と不合理が貧困層を直撃している。一方、新たな共同体性によって差別と貧困のない社会を指向する階層をこえた運動も広がりをもってきている。

二　インドの貧困問題とカースト、宗教、ジェンダー

（一）経済的貧困とカースト

グローバル化が進行する近年のインドでは変化が非常に早くなっている。しかし、何を変化の基準とするかによって、これを「進歩」とは単純には言えないことではインドも世界の例外ではない。「インドは現代世界の縮図のような国である」と批判するのは国際的に著名なインド人作家で人権活動家のアルンダティ・ロイである。筆者のインド滞在中の経験、とくに最下層の女性たちの間で経験した感覚にもっとも近い記述が次の文章である。

インド国民としてわたしたちは、両極端のものを常食として生きている。カースト虐殺と核実験、モスク破壊とファッションショー、教会焼き討ちと拡大する携帯電話ネットワーク、債務奴隷制とデジタル革命、女児の間引きとナスダックの暴落、いまだに後をたたない持参金目当ての妻殺しとミスワールド輩出。（中略）昨今の公共事業に見られるのは、極端

なまでの不合理だ。わが家の裏手を走る道路では、毎晩、痩せこけた道路工事人たちが溝を掘っている。光ファイバー・ケーブルを敷設し、デジタル革命を促進するために。凍てつく冬の寒さのなかで、彼らは数本のロウソクの明かりを頼りに作業を進める。[6]

では、地球規模でみれば両極端である現実が、なぜインドでは日常的なことなのだろうか。これは単にインドがまだ近代化していないから、ということではない。インドではカースト制が日常生活で保持されている。たとえば、大都市の近郊の中産階級のマンション群では、掃除や食器洗い、あるいは洗濯のための使用人が、その大方の居住地のスラムから通って来ることは稀である。若い夫婦はカースト別の使用人を家電製品で代替する。しかし、インドの経済成長を消費生活で謳歌する人たちも、通勤途上や仕事場で、街やマーケットで、家族や知人の家で、貧しい人たちがさまざまな「その日暮らしの仕事」で働く姿を、当然のように受け入れている。農村でも都市でも未組織部門（インフォーマル・セクター）の雑業で働く低カーストが多いのがインドである。二〇〇一年の国勢調査によれば、周辺労働者の六一％が女性である。[7]彼女たちは路上の動物や鳥などと同様で自然な姿に見えるかもしれないが、性暴力を含めて日常的な暴力と差別に晒されている。

インドの貧困の問題は、国連で定義するような一日一ドル以下で生活する人口の多さだけにあるのではない。その貧困層の大半を占めるダリットやアディヴァーシーについての詳しい実態調

国際的批判をあびたナルマダ・プロジェクトのナルマダ川支流のスッキダム

査や研究、記録が現在でもほとんどないことである。ロイが憤るように、国連の国別調査ではインドで五六〇〇万人とされる難民となった膨大な層の行方についての記録がない。[8] 本稿でも面談しているが、四〇〇〇以上ある大規模ダムの開発によって移住させられたのも大半がダリットとアディヴァーシーである。二〇〇一年の国連の人種差別に関するダーバン会議に向けた「ジェンダーと人種主義に関するダリット女性全国連盟宣言」も、ダリットや宗教的マイノリティ、アディヴァーシーの女性についての政府のデータと情報が極めて不足していること、またそれが意図的である点を指摘している。[9]

この背景に世俗国家インドの公的な立場がある。ヴァルナ・カースト制[10]はバラモン（ブラーマン）を最高位とするピラミッド型の浄・不浄の階層制で、全インドで四〇〇〇以上ともされるカースト（ジャーティ）に別れると言われる。その最下層がダリットとアディヴァーシーである。一九五〇年一月に施行されたインド憲法により不可触制は廃止されたから、不可触民は法律上では存在しない。不可触行為は刑法上の犯罪である。[11] しかし、カーストはヒンドゥー文化と思想であり、制度的に廃止されたわけではない。憲法にもカーストは明記されている。そこで、ダ

農家の壁に描かれた政党のシンボルマーク

リットとアディヴァーシーはカースト制の最下層に位置しており、可触民（カースト民）と不可触民の区別は実際には厳然と続いている。

独立後の国勢調査では個別カーストについての調査事項がないために、カースト単位の人口分布はわからない。但し、留保枠という優遇措置[12]の対象としてヒンドゥー教徒の「指定カースト」（SC、元「不可触民」）とアディヴァーシーの「指定部族」（ST）は仕分けされている。日常のさまざまな行政手続きにおいて、この明記が必要である。二〇〇一年の統計では、全インドでSCは一六・五％、STは八・二％である。当然ながら、州によってこの比率は大きく異なる。またSCとSTの区別があいまいな場合もある。しかもこの優遇措置の範囲がSCとST以外にも「その他の後進諸階層」（OBC、Other Backward Classes）に広げられている。OBCを現実にカースト単位で選定している州が多く、実利を求めてOBCの枠に入ることを求める高カーストも多い。これらが近年のカーストの政治化の要因となっている。政党もカースト単位のものが増えている。二〇〇八年に発表された統計（National Sample Survey Organization）によると、SCは一九・五九％、STは八・六三％、OBCは四〇・九四％、その他の留保枠なしが三〇・〇八％である。なお、読み書きできない人の為に、選挙の投票は政党のシンボル・マーク

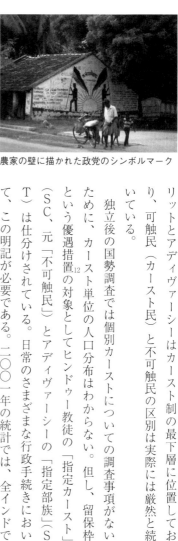

をチェックする方法である。

タミール・ナードゥ州の場合、ＦＣ（先進カースト Forward Community）、ＢＣ（後進カースト Backward Community）、ＭＢＣ（最後進カースト Most Backward Comunity）、そしてＳＣ＆ＳＴの区分となる。またＢＣに入らないがＦＣでもないカーストを狭義にＯＢＣ（その他の後進カースト）として、優遇措置の対象にしている。ＦＣにはバラモン（ブラーミン）と一部のクシャトリア階層が入るが、イスラーム教徒、キリスト教徒、ジャイナ教徒もFCに位置づけられている。教義にカースト制がないという理由からである。しかし、現実にはムスリムもクリスチャンも大方がダリットである。[13] 農村ではヒンドゥーのＳＣと同様に、村外れのダリット居住区に暮らす。留保枠の対象から外されているために、経済的にはより困難である。そこで信仰上はクリスチャンであっても、ＳＣとして登録している人口がかなりの数になるものと推定されている。筆者の面談でも多数にのぼる。

このように経済上の貧困女性一般の統計では対象範囲があまりに広く、カースト差別を伴うダリットやアディヴァーシーの問題を特定して見ることができない。一九九〇年以降の市場開放でグローバル化が浸透してくると、経済的な困窮を理由として保護枠を要求するカースト単位の結束と政治運動が盛んになっており、優遇措置は過度に政治化してきている。保護枠に入らず、しかも地位と特権を享受している高カーストは比率的にはインド人口の少数派でありながら、社会的にますます支配的になる。[14] その結果、最下層カーストやマイノリティ集団のなかでも、比較的余裕があり、コネと賄賂を使える家族や成員がより有効に制度を利用する一方で、極貧の家族は義務教育も終えることができず、たとえ大学の入学枠や公務員の採用枠があっても、そのような恩恵から排除され、より低賃金の労働を強いられることになる。[15] ダリットやアディヴァーシーの極貧女性は、権利においてエンパワーされないかぎり二重、三重のくびきを負ったままである。

(二) 宗教とジェンダー

インドの政治と社会が高カースト集団あるいは特定のカースト集団による支配下にあるとすれば、ジェンダーもまたカースト制を抜きに分析できない。インドのカーストは単なる職業別集団ではなく、バラモン階層をトップに、異なる人種や民族、種族、言語、宗教などを統合している家父長的な階層秩序であり、宗教的な浄穢の観念によって維持されている。市場経済化によって都市の中間階層の若者のカースト意識は薄れており、ダリットにも経済的な成功者はいるが、高カースト支配およびカースト民とダリットの差は厳然と維持されている。それを支えるのが性のカースト制であり、ヒンドゥーの婚姻法にそれがもっともよく現れている。[16]

バラモンは、宗教的な浄穢の思想において最も「浄性」が高いとされる。それが祭司階層であるバラモンの特権かつ義務であるが、具体的には菜食主義と禁酒、そして女性の性の管理・支配である。家父長制と女の性の管理は同義であるが、仏教やジャイナ教と違って、ヒンドゥー教は僧侶の出家制をとらず、バラモンも結婚しなければならない。そこでバラモンの血脈を維持するために自分たちの女の性を管理し、さらにはカースト制を維持するためのジェンダー役割を女性に内面化させる必要がある。経済的にも女性には土地・財産権を認めず、幼児期は父親に、嫁しては夫に、夫の死後は息子に従うべきものとしてきた。三倍年上の同カーストの男性に娘を嫁がせることを父親の義務としたのが幼児婚であり、結婚後は夫を神として仕えるべしとしたのが、年齢を問わず寡婦の再婚を禁止し、息子がいなかった場合に妻を夫と共に焼くサティ[17]となったのである。

サティは現実には特定の地域や特定のカースト共同体にかぎられているにもかかわらず、「真にインド的な女性らしさ」の理想像とされてきた。高カーストのヒンドゥーの女性にとって、結婚とは義務であり、女性の唯一の浄化儀礼であり、夫に仕えることが天国へ転生するための門とされている。寡婦はもっとも不吉で忌まわしい存在とされるから、サティまでは行わなくても、現在でも寡婦の服装や行動は厳しく制限されている。下層カーストも経済的に少し豊かになると社会的地位の上昇のために高カーストの文化や慣習を真似ること（サンスクリット化）が起きている。近年は寡婦への規制がむしろ広がっている。

菜食や禁酒とは異なり、高カーストの浄性を維持するためにはバラモン女性だけを不浄視することはできない。女をすべて不浄な存在として、それを低カーストの不浄性と比すことも論理的に必要となる。カースト間の掟を細かく定めた『マヌ法典』には、「動物、太鼓、低カースト、女は打つべきなり」とある。女性が自分よりも下位カーストの男性、とくにダリットと婚姻することは逆毛婚とよばれてタブーである。社会的に排除、蔑視され、子どもも差別される。後述するように、当事者の女性は「名誉の殺人」の対象にもなる。ダリット女性と高カーストのカースト間恋愛や妊娠によるさまざまな問題が起きている。

一方で、下層カーストの結婚は浄化儀礼などではなく、単に性的快楽のためのものとされる。上層カーストが下位の女、とくにダリットの女をレイプや買春しても、穢れたことにはならない。しかもダリットの女性は自分たちの共同体の男性からも自由ではない。インドの日常的なレイプ事件の被害者の大半がダリットとアディヴァーシーの女子であり、しかも報道すらされないのは、このようなカースト制の現実と関係しているといえる。「おわりに」に書いたように、二〇一二年一二月に起きたニューデリーのバス内での女子学生の集団強姦事件が世界に報道されたことによって、インド政府はレイプ犯への死刑まで持ち出したが、法律のみで解決されるような問題ではない。

国際女性デーに WOLD センターに集まった自助グループの女性たち

先に述べたようにインドは言語州であるが、「女のカースト」にあたる言葉がどの言語にもある。これは「女のくせに」とか、「女に生まれたカルマ（業）」をさす。高カーストの女性が最下層のダリット男性とも自由に結婚でき、あるいは子どもを産めるようになれば、カースト制の根幹が崩れる。しかし現実には、高いダウリー（持参金品）を出すことによって娘を少しでも上の階層に嫁がせたい、それによって社会的身分の上昇をはかろうとするサンスクリット化がある。娘の安全を願う親の気持ちもあり、経済発展とグローバル化がダウリーを止めようもなく高額化させているのである。[18] ダウリーにからむ殺人も増加している。しかも、次にみるように高カーストのほうが人為的に息子を多く持ちはじめているのである。女性たちもまた、下位の男性とあえて結婚するよりも、カーストの掟に従うことで社会的特権を維持することを望んでいる。日本とは比較にならない高カーストの女性キャリアの地位がこれを示している。

インドのジェンダーのこのような現実を男女数の比率から見てみよう。

〇才から六才の子どもの男女比は、男子一〇〇〇人に対して、女子は一九九二年から九三年で九三四人、九八年から九九年で九二六人、二〇〇五年から六年で九一八人である。二〇一一年の国勢調査結果では、さらに下がって九一四人となっている。高度経済成長と比例して男女差が広がっている。出生率に限ってみると、女子は一九八七年から九一年が九四一人、九三年から九七年が九三八人、二〇〇〇年から〇四年が九一九人である。女児の人工妊娠中絶が増えている。これを経済的な階級別の統計で見ると、女児数は、〇才から六才の子どもの場合も出生時も、豊かな階級になるほど減少している。最も豊かな層では息子一〇〇〇人に対して娘を八五四人しか産んでいない。しかも学歴別にみると、義務教育の一〇年生より上の女性の場合、超音波診断をうけた女性が産んだ女児数は八三〇人である。

死亡率でみると、一一ヶ月未満の幼児の死亡率は貧困層ほど高く、しかも女児の死亡率が男児を上回る。全体では一〇〇〇人のうち、女児二一人に対して男児一五人である。最貧層では五才までで二五人の女児が死に、男児は一九人である。一方、最富裕層ではそれぞれ八人と六人である。貧困層では出産後の女児の間引き、あるいは病気の女児を放置するなどの理由がある。

これらのデータ[19]から、インドでは金持ちで、かつ母親に教育がある家庭ほど娘よりも息子をかなりの割合で多く持っていることがわかる。息子を選んで多く産み、大事に育てる。一方、下層カーストの場合は政府の家族計画手術を受けているので中絶は少ない。しかし、女児の死亡率は高い。いずれの場合も、インドにおける「女のカースト」の大変さを如実に示しているのが人口の男女比である。これは州によっても異なる。南インドのすべての州で男女比は大きく、男児一〇〇〇人に対する女児の出生は九〇〇から九四二人である。北部と西部の州では、この差はさらに極端になる。

インドにおけるジェンダーはこのようにカースト制度と関係しているが、宗教的な観念によるだけではなく、政治的、経済的な要因も大きい。「女は穢れている」と信じるよりも、現実の社会の権力関係のなかで、女が生きるための知恵を祖母や母たちから教えられ、身につけている。そうせざるをえないともいえる。一般に低カーストの女性たちも「先祖からの共同体」を守る意識は強い。家族が祖先に守護してもらえるように、浄性の掟を守ることが「女のカースト」の大切な役割だと、小さい頃から教えられて育つからである。[20] 慣習に従わなければ農村では村八分にされる。しかし、カースト制度が維持されるかぎり、ダリットやアディヴァーシーの女性は差別されつづけることになる。

インドのいわゆる近代化は一九九〇年代からの市場開放政策と共に強まったが、同時に原理主義的なヒンドゥー・ナショナリズムも広がった。インドは民族的にも文化的にも非常に多彩な世界である。歴史的にも多様な宗教が共存している。しかし、イギリスからの独立闘争のなかで、M・ガンディーに見られるように、国民統合の精神としてヒンドゥー・スワラージ（「インドの自治」）が持ち出された。[21] 近年のグローバル化のなかでヒンドゥー・ナショナリズムが再び勢いを増し、イスラームとの二元的な対立を煽っている。経済発展の先端をいくグジャラート州はヒンドゥー・ナショナリズムのインド人民党政権が続いている。先に引用したロイは、ガンディーは魔法のランプをこすってラーマとラヒームを呼び出し、人間的な政治とイギリスからの独立闘争にこのエネルギーを利用した。しかし状況が変わった今も、このランプの精はランプから出たきり戻ろうとしないのだ、とヒンドゥー・ナショナリズム的な支配を批判している。[22]

このような状況下の暴力と軍事大国化は、むろんインドに限らないが、ジェンダーの問題と切り離せない。ナショナリズムによって文化的アイデンティティが平準化され、軍隊や警察による物理的な暴力を伴う多重的な排除が起きる。ある地域なり共同体がナショナリズムの敵として、あるいは「公共の利益」を損なう集団として攻撃される時、その「敵の体」を破壊するための武器として、女の身体が辱められる。攻撃される側も家父長的な共同体であれば、「女の場所」が狭められるだけではない。男たちに代わって共同体のために戦う「強い女」の役割も担わざるをえなくなる。ジェンダーの強化と再編が起きるのである。

インドの農村部では低カーストの男たちのフラストレーションが飲酒やドメスティック・ヴァイオレンスとなっている。しかし、より典型的な例は、軍事支配がつづくカシミールや東北インドで、あるいは鉱山開発がつづく中央インドでみられる。世界のメディアからも国内のメディアからも無視されたところで軍隊や警察、あるいは準軍隊による殺害や失踪、逮捕、拷問、レイプなどの残虐行為が頻繁に起きている。メアリー・カルドーが指摘しているように、カシミール紛争は「新しい戦争」の典型である。国家の軍隊が市民や女性を敵として攻撃する。万一批判されても、戦争の副産物として、「やむを得ない人権侵害」にしてしまう。[23] しかし、カシミール問題はたんに領土をめぐるパキスタンとの戦争ではない。インドが大企業のグローバル化に比例して軍事大国化するのを正当化し、その暴力は巨大ダム建設の現場で、あるいは鉱山開発や原発建設地で、貧しいダリットやアディヴァーシーに向かっているのである。

一方、これらの現状のなかで主体的に活動する下層女性たちが、インドの深い農村や森林地帯に変化をおこしている。そこでこの点について具体的に報告する。

三　インドのマイクロクレジットと貧困女性の自助グループ（ＳＨＧ）

（一）インドのＳＨＧ政策の特徴

二〇〇〇年の国連ミレニアム総会で、ミレニアム開発目標（MDGs）が決まった。そのなかで今日の貧困を深刻な人権侵害と位置づけている。しかし、一日二ドル未満で暮らす二六億人を二〇一五年までに半減するという達成目標は、二〇〇一年の九・一一事件以来の世界の軍事主義化のなかで絶望的な状況にある。しかしながら一方で、各国政府やＮＧＯ、社会企業（ソーシャル・ビジネス）などが、貧困問題の解決のためにさまざまに取り組み、部分的ながら成果をあげているのも事実である。

インドには、貧困層対象のマイクロクレジットに基づくＳＨＧ政策がある。一九九二年にパイロットプロジェクトとして南インドの二五〇のグループから始めたＮＡＢＡＲＤ（The National Bank of Agriculture and Rural Development）の統計によると、二〇一二年現在、全インドで諸銀行とリンクした七九六万のＳＨＧがあり、一億三千万人以上が会員になっている。その内の

銀行の質草のゴールドの宝石用の計り

州首相とヒンドゥーの神々を祀った銀行

七九・一%が女性だけのグループである。二〇一一年度のSHGによる銀行預金の総額は六五五億一千万ルピーであり、女性グループのものはその七七・九%である。一方、SHGに貸し出された銀行ローンの総額は、一六五三億五千万ルピーで、女性グループがその八五・五%を占めている。[24] 後述するように銀行以外のさまざまなマイクロファイナンス機関（MFI）も増大している。二〇一三年四月現在で一ルピーを二円と換算しても、一日五〇円以下で暮らす極貧世帯が多いことを考えれば、インドのSHGの預金総額およびマイクロファイナンスのローン総額がいかに巨大なものであるかがわかるだろう。無担保で少額の信用貸し付けであるマイクロクレジットから金融機関にとって利益を生む融資（ファイナンス）へと変化してきている。低額とはいえ利子がつき、会員個人のローン返済もグループの連帯保証つきだからである。

ムハンマド・ユヌスがバングラデシュで始めたグラミン・バンクの成功が世界中にマイクロクレジットを広げたことはよく知られるが、インドの場合は他国と方法が少し異なっている。特定の銀行あるいはマイクロクレジット専門の機関によって行われているのではなく、国営銀行の他、一般の商業銀行や地域の農業銀行、信用組合などがSHGを顧客としている。但し、銀行や政府によってではなくNGOによって作られた（これらを総称してSHPA、Self Help Promotion Agency 自助促進機関と呼ぶ）SHGでも、口座を開く金融機関はその住所によって限定され、信用金庫はもとより選択の幅はない。グジャラート州のSEWAのように、自らの女性銀行をもつ場合は例外的である。

（二）キリスト教系のNGOによるSHGつくり

当初、インド政府はマイクロクレジットを広げるためにNGOにSHGづくりとトレーニングを委託したから、タミール・ナードゥ州のようにNGOが強い南の四州[25]からSHGが増えていった。NABARDの統計では、二〇〇〇年度末に、全インドのSHG総数はまだ一一万五千にすぎないが、その六七％は南インドにある。二〇〇二年には全インドで四六万のSHGとなり、SHPAとして認可されたNGOは一二〇〇、銀行とリンクしたSHGがインド政府の補助金政策によって二〇〇〇年から飛躍的に増えている。銀行や州政府などの融資機関は三一五に増えた。資金としてはフォード財団や国際基金からの協力金が使われた。

一方、二〇〇七年から実質的にNGOの役割が抑えられ、政府が直接にSHGを管理し始めたのだが、この時点ですでに全インドに二九二万四千のグループがあり、すべて女性グループであ

クリスチャン・ダリットの女性NGO、WELとWOLDの代表

る。その五八%がまだ南インドにあり、銀行ローンの総額は一三五四億七千万ルピーで、全体の七五%を占めている。ただし、先述した二〇一二年の数字と比較すると、全国のSHG数がその後約八〇〇万へと激増している割には、貸し出される銀行ローンが増えていないことがわかる。これにはいろいろの要因があるだろうが、SHGづくりを担ったNGOの目的、およびローンの主な借り手である貧困女性のグループの活動の変化が考えられる。

NGOには欧米から活動資金を得やすく、またNGOの理念と方法を学ぶ機会の多いキリスト教系のものが多い。タミール・ナードゥ州は七二〇〇万余の人口であるが、インドの平均(二・三%)と比べてクリスチャン人口が多く、六%を越える。イスラーム人口もほぼ同様である。SCの比率も高く、約一九%である。単純計算ではタミール・ナードゥ州の約三割がダリット人口である。

開発NGOのリーダーには知識階層のダリット・クリスチャンが多い。そこで農村のダリットやアディヴァーシー間にSHGを積極的につくろうとしてきた。SHPA(自助促進機関)に占めるNGOの数を政府機関および銀行のそれと比較すると、政府がNGO活用によるSHG政策を始めた二〇〇〇年にはNGOの比率は六六％だが、二〇〇六年末には二八％へと抑えられ、政府機関が五一％に増えている。[26]この傾向はその後、さらに進んできており、現在は、MFI（マイクロ・ファイナンス機関）として資金源のあるNGOのみが中心的に残っている。

同じSHPAでもSHGづくりの目的、とくにそれに伴うトレーニング内容が異なる。インド中央政府は女性エンパワーを意味するストゥリ・シャクティ・プログラムによって、二〇〇〇年からSHGの促進を開始した。また、貧困ライン以下の農村の家族をSHGによって自営させようというSGSY（Swarnajayanti Gram Swarojgar Yojana）プログラムが一九九九年に始まった。これは一九八〇年代からの「農村地帯の女性および児童の開発」（DWCRA）プログラムと統合され、ダリットやアディヴァーシーにとって重要な政策となってきた。州政府もまたそれぞれの貧困女性の開発プロジェクトを開始した。タミール・ナードゥ州では、マティ（MaThi）プログラムによるSHGづくりがNGOの強力な支援によって行われた。これらの結果が、先述したような驚異的なSHG数と預金総額、銀行ローン総額となっている。また、南インドが識字率や教育レベル、平均寿命などで全国平均を上回っているのもその成果といえるだろう。

NGOの目的は、これらの政府プログラムに参加することによって、貧困解消だけではなく、女性の識字率、教育、栄養、保健、母子健康、子殺しや児童労働などについて具体的に啓発を行うことにあった。IWID (Initiatives: Women in Development, India) の調査によると、[27]SHP

A間でのSHGづくりの目的の違いは明確である。

例えば、NGO、銀行、政党、政府機関、宗教団体は、貧困を減らすこと、女性のエンパワーメントという基本原則では同じである。しかし、暴力に抵抗すること、政治参加の確保、ダリットのエンパワーメント、ダリットの政治参加の確保、などを目的にするのはNGOのみである。環境保護と村の共有資源を高めることについてはNGOと政府だけが目的に入れている。これらの目的を実現するためにNGOによるグループやリーダーのトレーニング内容はさらに具体的である。しかし、NGO間の相違も当然ながら大きく、どのNGOによって作られたかがグループの性格、成功と失敗の内容を決定するほどである。

四　南インド・タミール・ナードゥ州の場合

(一) ヴィルップラム県メルマライアヌル地区

1　地区の特徴とNGOの働き

タミール・ナードゥ州にはNGOが多いが、それも地域によって異なる。筆者が調査したメルマライヤヌル地区はヴィルップラム県のなかでも最も内陸部で交通の便が悪い。過去にコミューナル衝突が多発していたために、NGOが活動しにくく、また外部から入っても長続きしないところだった。この地区に二〇〇〇年からの一〇年間に約一〇〇〇のSHGをつくったのがダリット女性のNGOであるWOLD（Women's Organization for Liberation and Development 女性の解放と発展）である。

WOLDは代表のプレマ・S・クマリの父親がこの地区の村のダリット・コロニー出身であり、親族もいることから、一九八一年来この地区で活動している（一九八五年にWOLD Trustとして正式登録）。フルタイムのスタッフも臨時のワーカーも全員がこの地区または近隣地区の住民である。草の根の性格をもったダリット女性の小さなＮＧＯである。ドービー（洗濯カースト）のようにダリットのなかでもさらに低い階層のために、講のような貯蓄グループづくりを勧めながら活動していた。都市に住むムスリムから街道沿いの荒地を購入して、そこに農村女性トレーニングセンターを作った。掘立小屋からの出発だった。洋裁教室や学校をドロップアウトしたダリットの若者たちのための識字教室も開いていたが、ダリットの進出を阻む地主カーストからの焼きうちなど数々の妨害にあってきた。しかも、ＷＯＬＤのような自家用車も持っていない弱小ＮＧＯが政府からＳＨＧづくりの認可を得ることは困難だった。

九〇年代のインドのＳＨＧプログラムは、ＩＦＡＤ（International Fund for Agricultural Development）から資金を得ていたので、半エーカーの自分名義の土地または五〇セントを所有していることが入会条件だった。ダリット女性はほとんどが土地無しの日雇い労働者で、当時は五〇セントですら自分の金を持っていなかった。日当も夫や父親に渡された。ＩＦＡＤはダリット女性にはまるで益のないプログラムだったのである。しかも、女性開発局から認可を受けたＮＧＯによって地区の管理者が任命され、その管理者がグループの貯蓄を集金してまわり、銀行に預けるという仕組みだったから、グループと銀行との直接のつながりがなく、グループは管理者に全面的に依存していた。これでは貧困女性のエンパワーメントはむつかしい。

ＷＯＬＤのプレマ・Ｓ・クマリは、一九九五年の北京での第四回国連女性会議のＮＧＯ会議にインドのダリット女性の代表として参加した。この時に政府間会議で採択された一二項目の行動綱領の実施を求めてその後も行動してきた。一九九七年のワシントンでのマイクロクレジット会議にも参加して、土地要件などを解除するように街頭ラリーで訴えた。このようなダリット女性たちの国際的な行動が農村の貧困女性のための新たなSHGプログラムをインドにもたらしたといえる。インド政府も農村貧困女性のためのさまざまな施策を打ち出してきた。

WOLDはダリット女性たちが置かれている極端な貧困と差別、暴力をSHG活動によって解決しようと考えた。そこで政府の新たなSHGプログラムに参加しようとしたが認可を得ることができず、一九九二年からタミール・ナードゥ州でIFADグループづくりをしていたKK（カルヴィ・ケンドラ）に加入した。KKは一九八三年に創設された開発NGOである。代表の男性はプレマ・S・クマリの夫の高校の教え子で、WOLDで働いていたこともあったから、二〇〇〇年からWOLDがメルマライヤヌル地区でSHGづくりを始めた後も、WOLDの独自性を尊重した。また、毎月のカルヴィ・ケンドラのスタッフ会議においては、プレマ・S・クマリがジェンダー・イニシアティブを指導してきた。ジェンダーの視点を入れてSHGを育てることは、たとえスタッフやワーカーが女性であっても、その意識がなければ困難だからである。

メルマライヤヌル地区は、五五のパンチャヤート（インドの最小の行政単位としての自治体）からなり、一八二の大小の村落がある。このなかに村外れなどに位置する四七のダリット居住区、三七のST（指定部族）居住区も含まれる。二〇〇一年の国勢調査では地区の総人口は約一二万二千人で、その内のSC（指定カースト）は約一万九千人、STは約二千人である。

いずれも男女差はなく、女性のほうが僅かながら多い。メルマライヤヌル地区開発局（Block Development Office、局員六〇人）によれば、二〇〇八年の総人口は約一七万四千人で、女性のほうが二五〇〇人ほど多い。SCとST人口は合わせて約一七％であるが、クリスチャンとムスリムのダリットはここに含まれない。

IFADグループもなかったこの地区に、WOLDは二〇〇〇年に最初のダリット女性のSHGから始めて、「その他の後進諸階層」（BC、MBC）へと広げていった。二〇〇四年には全部で約三五〇グループ、二〇〇八年に七〇〇グループ、そして二〇一〇年にはグループ数が九八五になった。その三分の一余がダリット女性のSHGで、その他にダリットと一般カーストや宗教間の混成グループもある。一つのグループを一五人平均としても、WOLDを母体としてこの地区に約一万五千人のSHG会員が一〇年間に誕生したのである。WOLD自身もセンターを住所としてスタッフとワーカーがひとつのSHGとなった点でもユニークである。ほぼ全員が政府の配給カードを所持する貧困層に属するからである。

WOLDはすべてのグループをまずパンチャヤート・レベルで、次には地区内の五五のパンチャヤートを各五に分けた一一のクラスター・レベルで、そして地区全体という三つのレベルでの連合体（PLF、CLF、BLF）の構造にして、個別のSHGの役員以外にも、各連合体の役員を選出し、定期的な会議を行うように指導してきた。同じパンチャヤート内の複数のグループや会員間の協力関係づくりが、カーストの壁をこえるために不可欠だったからである。同じダリット居住区内でもグループ間の協力が女性たちを強めた。それでもパンチャヤートによってはカースト村にグループがなかったり、ダリット居住区はクリスチャンだけだったりと違いがある。パンチャヤートをこえて近隣の貧困女性たちの団結をはかることで、パンチャヤート内では解決できない問題を解決しようとしたのがクラスター・レベルでの連合だった。ＷＯＬＤは政府の事業計画で貧困世帯が入手可能なものについてのオリエンテーションをここで行っていた。

地区全体レベルの委員会では、政府の農村用施策やダリット女性のための特別プログラムなどの多くの情報が政府の担当役人の支援をえて共有された。また、ＷＯＬＤ農村センターで開かれる毎月一回の地区レベルの集まりには誰が参加してもよかったから、その日は終日、相談事をかかえたグループやアニメイターたちで賑わっていた。

一方、ＳＨＧの活動によって地区全体が変わり始めてから、またスマトラ沖地震によって海外からの資金が流入した時に、それを利用したＮＧＯが二〇〇五年以降にこの地区でも活動を始めた。ワールド・ビジョンとハンド・イン・ハンドである。これらは自らがローンを提供するマイクロファイナンス機関（ＭＦＩ）でもあった。両者がつくったＳＨＧの数は不明だが、ＫＫの名前でＷＯＬＤがつくったグループと政府、銀行などが二〇〇七年以降につくったグループもすべて合わせて、二〇一〇年には一六五〇のグループが数字上ではできていた。一時期、ＷＯＬＤはこれらのグループもパンチャヤート・レベルの連合体に参加するように呼びかけていた。しかし、後述するように、ＷＯＬＤがつくった独自の連合体はもはや機能していない。政府によって役員が総入れ替えされたのである。

最大の問題は、政策の変更によってSHGのルールが緩み、チェック機能も弱体化したことである。母体が異なる幾つかのグループ間を移動したり、複数のグループの掛け持ち会員が増えており、その実態が誰にも把握されていない。また、実際は解散しているのだが、僅かの残金で銀行口座だけを残しているグループもある。二〇一〇年九月に面談した地区開発局（BDO）のSHG担当者によれば、一二五のグループが優秀、七四五のグループは継続的に活動しており、ローン返済もきちんと行われているということだった。政府はグループの正否を預金高、ローン高、ローン返済という金銭活動で把握しているので、他のグループは何らかの金銭上の問題を抱えているということになる。ダリットやアディヴァーシーのグループの大半がここに入る。しかし、ダリット女性運動体でもあるWOLDが目指したように、貧困解決だけがSHGの目的ではなかった。

2　SHGのつくり方と運営

ここで政府が当初、NGOに委託したマイクロクレジットSHGづくりのルールと、WOLDのトレーニング内容、そして、この地区のダリット女性がどのように変化したかを見てみよう。

SHGの会員資格は、同じ村に居住すること、二〇才から五〇才までの女性、但し、寡婦と極貧者は年齢を問わない、貧困ライン以下であること、会員数は一二人から二〇人までであること、会員は会費を払うこと、である。これは州を問わず共通のルールである。二〇〇六年以降、[28]独身女性の加入や男性グループへと要件は広げられた。

ＮＧＯは村を訪ねて、この資格に当てはまる女性たちに会って説明し、彼女たちの中でリーダーになれる女性を選ぶ。メルマライヤヌルのように辺鄙で貧しく、乾燥した広大な地域に村が離れて点在する農村地帯では、この時がＮＧＯの女性ワーカーにとってもっとも危険かつ大変である。昼間は田畑などでの賃金労働があるから、夜を待って集まりをしなければならない。女性たちも仕事から帰ってきても、暗くなる前に外で水くみと食事づくりを済ませなければならない。ようやく話し合いができても、帰路、低カーストの女性のグループづくりに敵意をもつ地主や男性たちに襲われる危険だけではなく、交通の便のない暗い夜道にはコブラとサソリが多い。

グループが結成されると、会員はグループの実質的なリーダーのアニメイターと銀行との取引に責任をもつ二人の代表役員を選ぶ。ほとんどの会員は読み書きができず、年齢もあいまいな中で、少しでも識字能力のある女性がアニメイター（グループのひっぱり役）に選ばれる。つぎにグループの名前を決めて指定の銀行に口座を開設する。この後、グループは会員名簿と銀行預金の写しを担当ＮＧＯに提出する。

ＮＧＯは女性開発局（ＷＤＣ）の承諾を得てから、まずアニメイターと代表の基本トレーニングを自分たちのセンターで行う。その内容は、グループの記録のとり方と維持方法、毎週の集会の持ち方、アニメイターの責任範囲、代表との連携の仕方、ＳＨＧ活動について会員との議論の仕方、銀行からお金を引き出す際のグループの承諾書の作り方、グループにお金を配当する時の計算書の作り方などである。この後にグループのメンバーに対する最初のトレーニングを行う。会員はSHG活動によるさまざまなメリットをまず理解し、会員の責務についても学ぶ。何よりも女性たちはグループのミーティングで「私の話はあなたの話」を実感する。互いに自分の話など聴いてもらったことがないからである。

会員の責務とは、毎週の定例ミーティングに参加し、決議ノートに署名しなければならないこと。この時にのみ週毎の預金額をアニメイターに払い、各自の通帳にアニメイターの署名をもらうこと。（グループ毎に定額を決める。当初は一週間で皆が工面可能な五ルピーないし一〇ルピーだった。）グループ活動に関する一切のことはこのミーティングにおいてのみ話し合うこと。ミーティング以外で決めてはならない。アニメイターは話し合いの内容を記録して全員の署名をえること。会員はグループ名義の自分たちの預金を毎週、順番に銀行に持って行って預け、そのレシートをアニメイターに渡すこと。アニメイターがグループの口座を管理しているので、会員は預金高について疑念があればアニメイターに問いただすことができる。アニメイターは記録を明示しなければならない。各会員は月に二ルピーをグループ用に、二ルピーをパンチャヤート連合（PLF）用に会費として支払うこと。この積立金がグループやパンチャヤート・レベルでの活動費となる。

二人の代表の役割は、SHGローンをメンバーに渡すために銀行からお金を引き出すことである。グループの印を押した払い戻し用紙の記入の仕方を覚え、お金を引き出してきてアニメイターに手渡す。グループ・ミーティング時にアニメイターと二人の代表が一緒にローン額を会員に分配する。会員は各自の会員通帳を所持している。そこにローン額、返済額、残高、支払い利息を記入するスペースがあり、アニメイターは各人の通帳にこれらのすべてを記載し、署名しなければならない。グループ全体の銀行取引についてはグループの原簿に記入する。すべて手書きである。

ミーティングにおけるグループの討議内容の記録も大事だが、このローンの明細記録の正確さが非常に重要となる。すべての会員はまず自分の名前の署名をおぼえ、バスの行き先と数字も読めるようにするが、アニメイターの記録能力が不十分な場合に問題が起きる。グループ外の人間、たとえば夫や村の高カースト、あるいはＮＧＯの担当者にノートの記録を依頼しているグループは依存的になり、問題が起きやすい。これは後述するようにミーティングが月一回になった場合、あるいは当初から月一回の場合にも、しばしば問題になる。

インドのＳＨＧはローンを借りることをいわば原則としたプログラムである。貧困層はこれまで銀行とは無縁であり、ほぼ全員が地主などからの高利の借金に縛られて生きてきたから、政府の補助金のついた低金利ローンがＳＨＧの最大のメリットであることは言うまでもない。どの会員も例外なくこの点を述べている。例えば、一つのグループが会員二〇人で結成されると、最初の三ヶ月間に各自が毎週一〇ルピーづつ貯金すれば、グループの銀行口座は約二五〇〇ルピーとなる。そこで次の三ヶ月の間に、各自は月に二ルピーの利子で五〇〇ルピーのローンを借りなければならない。グループ全体では一万ルピーである。この三ヶ月が過ぎると、ローンの使い方と返済、アカウントの正確さなどについて政府からチェックされる。この監査を無事にパスできると、そのSHGの銀行口座には政府から五万ルピーのローンが振り込まれる。その内の一万ルピーは補助金である。四万ルピーを二%の利子で五〜一〇回払いで返済する。このローンの返済が済むと、さらに一〇万ルピー、二〇万ルピーとローンを増やしていかなければならないが、補助金も増加する。

補助金の割合は、SCとSTのグループの場合は、先に述べたSGSYプログラムなどによって五〇%となる。利子が不要な回転資金の制度もある。これらのローンをどのように使うかによってグループ活動の成否がきまる。

会員個人はグループ貯金から借りることも、政府ローンや銀行ローンから借りることもできる。しかし、低金利で簡単に借りられても、高額のローンの返済は本人または家族に収入の道がなければ困難である。しかも、もし返済ができなければグループ全体の責任となる。グループの不和の原因やアニメイターのリーダーシップの問題となる。そこで、NGOはSHGのグループとしての起業や会員の自営の相談にのり、さまざまなトレーニングを行い、また必要に応じて現場で手伝っている。SHGローンの複雑な申請手続き時だけではなく、NGOはグループの個性と活動内容をきちんと把握し、必要に応じて相談にのり、指導できることが非常に重要である。

3　ダリット女性の変化

ＷＯＬＤはダリット女性がＳＨＧを利用できるようにと政府の事業に関わってきたが、この地区のＳＨＧはダリットだけではなく、地区人口の大半を占める後進諸階層の貧困女性たちのなかにも広がった。ＷＯＬＤは農村女性センターで行うＳＨＧトレーニングにおいて、ほとんどの会員が文字を読めず、自分の生き方や環境について何かを学ぶという機会を持ったことがない地区で、一連の継続的なトレーニング・プログラムを提供してきた。このトレーニング・パッケジは、当該グループの必要性を調べることによって、それぞれのグループが知識を広げ、能力を開発できるようにしたもので、主に次の五つの領域のトレーニングを組み合わせている。一、社会分析　二、態度の変化　三、リーダーシップおよびパンチャヤートの発展　四、手続きに関するトレーニング　五、スキルの上達である。

WOLD スタッフのグループ巡り

これらのプログラムを成功させるためには、文字や言葉によってではなく具体的かつ実践的に行わなければならない。そこで、ＷＯＬＤがまず試みたのが、ダリットと一般カーストの「共食」である。また、村内の混成グループづくりやパンチャヤート・レベルの集会でのカーストや宗教をこえた交わり、具体的には身体の接触と共通目的のための共同行動を組織することだった。これによって、カーストができてからおそらく二千年以上もの間、カースト外の「不可触民」（アウトカースト）として動物以下の穢れた存在、人間ではないかのように差別されてきたダリットの女性たちが、法律によってではなく、日常の行動において自分に自信をもって劣等感を克服できるのである。それは衣食住、言語、宗教、子どもの教育、行動範囲、活動内容、さらには夫や家族との関係の変化に現れている。

ＷＯＬＤはダリット女性が生きることに自信をもつために、ダリット自身が変われるようにトレーニング内容を工夫した。例えば、「不可触民」であるダリットには許されてこなかった服装、サリーの下にブラウスを着ることや、上層カーストのようなサリーの色や着方をすること。サリー一枚の替えも持っていなかった着たきりの女性たちに、自分のお金で自分のために、自分でサリーを買い、おしゃれをして集まりに来るようにすること。インドでは階層を問わず、男性が妻や娘や親族のためにサリーやチュリダー（パンジャビ・スーツ）などの生地や衣服を買うのが普通だった。外での買い物は男の仕事だから、女性はもらったものを身につけるだけだった。また、櫛で髪をとかせば、「売春婦だ」と言われるので、ダリットの女性は長い髪でも手櫛だったが、いつも小さい櫛を身につけるようになった。また、主食の米も食べられない生活なので、タミール・ナードゥ州ではカースト民の朝食である米粉を発酵させて蒸してつくるイドゥリや油であげるドーナッツのようなワレイなどの作り方も知らなかったから、料理講習会をした。その他、銀行や役所へSHGの用事で行く時の挨拶の仕方やダリットの方言ではない言葉使い、集会にゲストを招いた時のグループを代表しての歓迎の言葉やグループ報告の仕方などである。

宗教的にも、これまでは不浄なダリットには許されなかったが、神々や客を迎える時のヒンドゥーの高位カーストの宗教儀礼であるアールティなどもミーティングなどで実践的に行った。村の寺院に入ることはそれまで許されなかったが、ダリット居住区に小さい寺が立ち、村のバラモン司祭の寺院と変わらないようなプージャ（礼拝）が行われるようになった。

住居についても、これまでは体を二つ折りにしないと入れないような低い入り口の泥小屋だった。しかし、これがカーストの人たちの前で今でもすぐに身をかがめる癖につながっているということから、SC用の住宅補助金を使っ

プライドをもってグループ・ミーティング

て、体を屈めなくても普通に入れる家にしようという啓発活動になった。また、地主の田畑以外へは村の外へ出たことのない女性たちのために、女も自転車に乗ろうと、姿勢をまっすぐにして堂々と自転車に乗るトレーニングをした。ＷＯＬＤはまた、ＳＨＧ用の女性歌を替え歌のようにしてつくり、ダンスの身振りをつけて、集会毎に歌い、男の飲酒と暴力に対抗するスキットも指導した。

ＷＯＬＤは一般カーストの貧困女性たちも古い意識を変えられるようにと工夫した。このための重要な、高いハードルをまたぐ行為が「共食」と地区のＳＨＧ会員すべてに共通の制服用サリーの制定と着用だった。

ＳＨＧに関する政策変更まではトレーニング時に政府から参加者の頭数の昼食代がＮＧＯに出た。ＷＯＬＤセンターでは参加者用の昼食を作るのはダリットのスタッフである。ダリットから水や食べ物を受け取らないこと、ダリットが調理したものを食べないこと、身体を接触しないことがカーストの掟であるから、当初はダリットの参加者しか食べなかった。しかし、ＷＯＬＤは質素だが非常に味の良い昼食（菜食）で評判を得た。さらに、経費を上回ってもゆで卵を一個つけたりした。「トレーニングの参加者を空腹で帰さない」というのがプレマ・Ｓ・クマリの信念だった。食事は作っても家族の残り物を食べるのが女性だから、いつも空腹で、しかもゆっくりと座って食事などしたことのないのが貧困女性である。それも大半が日に一食かせいぜいで二食しか食べられない。貧しくて持参する弁当もない後進カーストの女性たちは、タブーを破って、徐々にＷＯＬＤの食事を食べ始めた。ここでは誰の目も気にすることなく、たとえ「不可蝕民」と一緒でも、ゆっくりと食事を楽しむことができるのである。「村ではできないが、ＷＯＬＤのセンターでならできる」という女性も多い。

それでも、ゆで卵をそっとサリーの胸にしまう女性がいた。卵を食べない菜食主義か、または家族のために家に持ち帰るのである。カーストの掟を家族の安寧のために守ることが女の役割だと信じられている。女が浄穢の掟を破ると、家族に不幸が起きるとされる。南インドではダリットは一般に牛肉を食べる。その他の低カーストにも非菜食が多いが、高カーストが菜食主義であるために、低カーストも表向きや家庭では菜食主義というのがふつうである。夫や息子が外食で酒を飲み、肉や魚を食べていようと、女性は家族のために食事のタブーを守っている。

WOLD センターで集会の昼食づくり

ダリット以外にも「その他の後進諸階層」のＳＨＧが増えてきたので、上層カーストのヒンドゥー教徒で大学院出の女性Ｖ（三二才）が一人スタッフに加わっていた。Ｖは自分の村のＳＨＧの元アニメイターで、三人の子どもの母でもある。役所や銀行とも対等に交渉することができた。センターへは自宅から徒歩とバスを乗り継いで来る。ＷＯＬＤで働くほどの平等な意識をもった知的な女性だったが、当初は他のスタッフと離れて座り、ダリットがつくる食事どころか水も三時のお茶も飲めなかった。しかし、彼女は徐々に変わり、一緒に働くダリットのスタッフやワーカーにとっても新しい交わりの経験となった。上層カースト女性たちにとってもＶはカーストの掟を破ってもいいという身近なモデルになった。

ＷＯＬＤがつくったＳＨＧの制服は、淡いブルーの地に白い縞模様のラインが入ったサリーである。一着一九五ルピー（四百円弱）だが、それでも買えない女性にはＷＯＬＤが援助していたから、メルマライヤヌルの至るところで、ときには地区外の町でもこの制服姿の女性に出会った。まだ制服がないとき、銀行にグループの貯金を預けに行っても、他の客や銀行員から場違いな女が来たというような目で見られた。制服姿なら、ＳＨＧの用事だろうということで、村を出る時も、村の外でも言い訳をする必要がない。村の中に堂々と入って行っても、制服姿ならダリットだからと咎められない。制服なら上等のサリーと貧しいサリーの貧富の差がない。カーストや宗教をこえて一緒に街道を歩ける。集会やラリーでは何百、何千人もの同じ制服姿の女性たちが圧巻の行動力をみせるようになった。

ＳＨＧの数が増えるにつれて、制服の威力はＷＯＬＤが意図した以上の効果を生み、もう制服を着なくても大丈夫なまでになった。ところが政党がＳＨＧ制服の威力を選挙活動で利用するようになったのである。ＷＯＬＤは政党の集会でＳＨＧの制服を着ることを禁止した。

このようにＳＨＧによってこの地区のダリット女性たちは大きく変化した。自分の名前の署名を覚えたので、銀行支配人にもグループの通帳に本当に入金されたかどうかの確認の署名を要求するほどになった。これまではサリーの着方（サリーの手を右側にする）でバスに乗っても、町の寺院でも、ダリットだとすぐにわかるようにされていたが、そのことに疑問を持ち、一般カーストと同様に着始めた。また、髪をとかし、上層カーストと同様に髪に花や飾りを着けるようになったので、外見ではダリットとわからなくなった。現金を持ち、これまでは男の仕事だったマーケットなどでの買い物も、自分たちでするようになった。食事においても、余裕のある上層カーストではライスに副食をつけ、サンバル（カレースープ）、ラッサム（胡椒スープ）、カードゥ（ヨーグルト）と順番に食べるが、ダリットにはそのような習慣がなかった。ミルクを買えないのでブラックティーが習慣になっていたから、ブラックティーを飲むのはダリットかアディヴァーシーだとされてきた。しかし、SHGのローンで乳牛や山羊を飼い始めたので、家内でも紅茶にミルクを入れるようになった。WOLDの健康トレーニングによって、食事の前に手を洗う習慣もつけた。

プレマ・S・クマリは「このようなダリットの変化を見られただけで、もう死んでもいい」と述懐したほどである。

4　SHGの活動内容と地域の変化

この地区の幾つかの特徴的な村からSHGの活動をみてみよう。

マーナンダル村のダリット居住区には二〇〇八年の時点で六つのSHGが活動していた。すべてWOLDが作ったグループである。そのなかに一八才以上の独身女性のグループと男性のグループが各一つある。女性グループのなかで二〇〇〇年から活動しているのは一つのみである。筆者が訪ねた時、SHG用に政府が建てた小屋に五つのグループの女性たちが集まって、制服のサリー姿でびっしりと座っていた。髪もきっちりと梳かしている。WOLDのスタッフの指導でSHGの歌を歌い、それぞれのグループ活動報告をし、誰もが生き生きと自分の意見を言う光景は、目を伏せて人前では発言できなかった以前とは大変な変わりようである。小屋の前には小さいながら真新しいヒンドゥー寺院も建っている。この村は全員がヒンドゥー教徒である。

新しい四つのグループの特徴は、グループ起業への関心は薄く、個々人がローンによって乳牛を飼うなどしている点である。グループのローン額もまだ五万ルピーか一〇万ルピーである。誰もがSHGのメリットとして、以前は高利で金を借りていたのに今は緊急時でも自分のグループから低金利で借りられるという安心と安全性を挙げている。また、貯金ができローンも得られるようになったことで、自分に対する夫の態度が変わったという女性も多い。酒を飲んで帰り、妻に暴力をふるう男はダリットに特に多かったからである。

カースト差別についても、SHGをつくってから自分たちの意識が変わった、もうカースト間の差はない。劣等感がなくなり、カースト民とも一緒に歩けるようになったという。上層カーストはヴァニヤース（MBC）のみであるが、この村はダリットにSHG会員が増えて、しかも村の改善のために協力しあっていることが成功につながっている。

マーナンダル・パンチャヤートは人口が二八〇〇人余（二〇〇一年統計）で、SC人口はその約二〇％である。WOLDが組織したマーナンダル・パンチャヤート連合には全部で一五のSHGがあった。この連合の組織的な働きで村に井戸ができたことが二〇〇八年の大きな成果だった。マーナンダル村には飲料水がなく、女性たちは数キロ離れた井戸へ水汲みに行っていたが、それも汚染した水だった。SHGが協力してパンチャヤートに訴えていたのだが、返事はなかった。そこで、連合の全グループが一緒に制服姿で街道をデモ行進して、バスや他の乗り物を止めた。地区の開発担当役人が来た時に、適切な対応を約束させたのである。現在、マーナンダル村の女性たちは、ダリットも上層カーストも、水パイプやポンプ式の井戸によって、村内で飲料水を得られるようになっている。水汲みは女性にとって最も重い家事労働であるから、村人はSHGの団結と勇気ある行動に感謝している。

WOLDの井戸から

マーナンダル村とは対称的にダリット人口の大半がキリスト教徒であるのがサータンバディ村である。サータンバディ村のダリット居住区には、プロテスタント（CSI、南インド合同教会）が約一五〇世帯、カトリックが約三〇世帯、それにヒンドゥーが約五〇世帯ある。ここにプロテスタントのみとクリスチャン間、ヒンドゥー教徒との混成、ヒンドゥーのみの全部で四つのＳＨＧがある。どのグループも活発で、競い合っている。教会が信徒離れを防ぐためにつくった同様のグループもある。両方に所属している会員も多い。カースト村にはクリスチャンはいない。

　ＷＯＬＤがキリスト教系の女性ＮＧＯであることと、センターからサータンバディ村が比較的近いこともあり、この村のダリットのＳＨＧはすべて二〇〇〇年当初に出来ている。グループのアニメイターや会員は、ＷＯＬＤが行ってきたリーダーシップ養成や起業、健康、人権、環境、意思決定、個人開発、政治参加など、さまざまなトレーニングのほとんどを受けている。識字率も他の村のダリット女性に比べれば高い。教会で賛美歌を歌うことに慣れているので、ＷＯＬＤのつくった啓発用ソングやスキットを容易に受け入れることができた。そのためにＳＨＧが政府直轄に以降した後も、ＷＯＬＤのグループの性格を基本的に保っている。毎週のミーティングもそうである。グループの貯金を出し合って、ポンガル（タミールの新年祭）に村人全員に食事を提供し、子どもたちにノートを配るなどの共同行動もしている。

ダリット居住区にできた井戸で

一方、このようなサータンバディ村のSHG活動からダリットのグループ起業の困難さを検証できる。ダリット・クリスチャンはSC（指定カースト）の留保枠に入らず、ローンにもSC用の補助金がつかないために、経済的な困難はより大きい。大きなローンを無担保で借りられたとしても、利益を生めなければ返済ができない。イドゥリの店やスナックの茶店、栄養粉づくりなどを始めたが、すべて失敗した。食べ物の場合は、ダリットの小屋はごきぶりや蟻などがくるので、衛生上に問題がある。また、イドゥリは米粉や小麦の量、ソースのチャツネ用のココナッツや豆の分量などの計算ができないとうまく作れない。「上層カーストの店で買うほうが美味しいし清潔だ」というダリット自身のメンタリティもある。ダリットが作った食べ物はダリットしか買わないので、ダリットに買ってもらえなければ商売にならない。スナックに至っては腹を空かせた自分たちの子どもが群がってしまう。

栄養粉は栗などのナッツ類、豆類、穀類、ハーブなど二〇種類ほどの滋養豊かな原料をそれぞれ粉にして混ぜ合わせ、袋詰めにして販売する。子どもや生理中、妊娠中などの女性の身体にとてもいい。ダリットのためにもなる健康食品として、他の村でも多くのグループが起業したが、大方が失敗した。州政府が貧困ライン以下の家庭の二才以下の幼児に無料配布し始めたからである。グループの女性たちも農業の日雇い労働で忙しい時期になると粉つくりができなくなった。他所で購入したほうが安いということになる。その他、線香やロウソクづくりも試みられたが、教会の祭礼時を除いて消費量は少ない。販売するために何人かで遠い町まで運ぶとバス代などの経費がかかる。
結局、牛や山羊などのミルク・アニマルを一、二頭、個人で買うのがビジネスとしては一番良い方法となった。しかし、昔のままのダリットの家では牛小屋のほうが大きいという、笑えない現実があった。そして、日雇い労働と家事労働（水汲み、薪取り、火起こしと食事つくり、洗濯、子どもの世話など）の上に家畜の世話が加わって、女性たちはさらに忙しくなったのである。

サータンバディの場合、クリスチャンが多いダリット居住区のSHGは活発で、意識が高いにもかかわらず、あるいはそれが原因で、上層カーストのヒンドゥー・グループとの協力関係がつくれなかった。だからこそWOLDはパンチャヤート連合に力を注いだのだが、この村でグループ起業が成功しなかった理由でもある。同じことがサータンバディに属するアディヴァーシーのSHGにもあてはまる。

サータンバディから四キロメーターほど離れた森林地帯にこの村がある。WOLDセンターへはバスも道路もないところから一時間以上かけて、小さい子どもも連れながら徒歩でやってくる。グループができたのは二〇〇七年だが、アニメイターを含めてだれも学校教育を受けておらず、年齢もわからない。読み書きができないために、WOLDのスタッフが記録を手伝っている。グループ名はガンガーだが、ヒンドゥー教徒ではなく、独自の女神信仰をしている。年配の会員が女神の賛美歌を歌っても、ＷＯＬＤではだれもそのタミール語を理解できない。全員が土地なしの日雇い労働者である。一週間に一〇ルピーづつ貯金し、グループ口座に九〇〇〇ルピー貯まったので、政府から五万ルピーのローンを得て、ミルク・アニマルを育てながらローンを返済中だが、将来の計画は、森林の木を伐採して、レンガ造りをすることだという。ＳＴだからローンには五〇％の補助金がつくが、他の共同体からの妨害に備えるためにも、メンバー全員が目的をよく理解して協力しなければならない。レンガのつくり方はもとより基本トレーニングが必要であるが、行政によるトレーニングには期待できない。

筆者もこの村を訪問したことがあるが、グループができるまでに長い時間がかかった。アニメイターのＳは、自分たち以外の世界のことも知りたい、社会状況を理解したいと熱心だった。この村でも男たちの飲酒、喧嘩、妻への暴力は日常的だったが、ＳＨＧができてから、当初は非協力的だった夫たちが変わりつつあるという。問題は、自然災害や火事などの緊急事態の時でもＳＨＧ連合の協力が得られないことだという。サータンバディ・パンチャヤートには、ダリットが四つ、アディヴァーシーが二つ、上層カーストが二つ、全部で八つのＳＨＧがある。下層グループがマジョリティにもかかわらず、上層カーストが連合を支配している。ＷＯＬＤは助言するが、決定には口出しできない。つまり下層グループの女性たちが地主である上層カーストと対等の意識によって行動できるようにならないかぎり、ＳＨＧのパンチャヤート連合はうまく機能しないのである。

中央政府の法令でメルマライヤヌル地区にはダリット用の一〇の特別選挙区がある。ダリット議員が人口比とは関係なく多数派を与えられる。女性については中央から村まですべての議会の女性割当を三三％にするという法案はまだ可決されていない。しかし、村のパンチャヤート議会には女性議員が多い。これは規定で立候補を継続できない有力者がダミーとして妻や親族の女性を議員にするからである。留保枠のダリットの場合も同様である。しかし、ＳＨＧでエンパワーされたダリット女性たちが村議会で発言しはじめ、また自ら立候補する女性も出始めた。

たとえば、ナルマンガラム村はダリット留保区の一つであるが、二〇〇六年の選挙で女性議員が五人、その内の四人がダリット、他にダリット男性議員が一人、四人が上層カーストとなった。任期は五年間で、再選可能である。ここはカースト村に約六〇〇世帯、ダリット居住区に約一五〇世帯があり、すべてヒンドゥー教徒である。かつてはカーストとダリット間の衝突事件が起きたが、現在はダリットの力が増して問題は起きていない。ダリット居住区は街道から奥まった辺鄙な場所にあるが、女性や子どもたちの表情は希望に満ちていて明るい。その大きな要因となっているのがＳＨＧの活動である。ＷＯＬＤがつくったＳＨＧが一五、その他が三つある。二〇〇二年来のＷＯＬＤのスタッフであるＭ（二七才、二〇一一年時）はこの村の住人で、二〇〇〇年に村で最初のＳＨＧができたときにアニメイターとなった。ナルマンガラム・パンチャヤート連合の書記でもあり、また村議会のダリット女性議員の一人でもある。

Mはタミール文学の学士号を持っている。恋愛結婚の夫も大卒で二年間の教師コースも終えたが仕事がない。Mは村役人だった父親の年金と公務員である母親に助けられながら、WOLDの僅かな給料で夫と幼い子どもたちを養っている。しかし、WOLDのスタッフとして村々をまわり、また様々なトレーニングに関わってきた経験と知識、それに高学歴であることによって、村議会では最も有能な人材である。政府のプロジェクトを担当し報告書の作成を担っている。インドの村会や町会議員は無報酬である。高カーストの有力者の名誉職でもあるが、さまざまな政府プロジェクトによる公的資金が増え、その使い方を決定する権限が増したから、賄賂や手数料などの汚職が常態化している。WOLDはSHGの会員トレーニングに政治的意識の向上を取り入れていたから、多くの村で古い村議会のありようを揺るがした。ナルマンガラムではMのリーダーシップが勝ったが、全体的にはNGOの影響力をそごうとする政治的なカースト勢力の巻き返しのほうが大きいといえる。

5　SHGの変貌とNGOの課題

二〇一〇年の調査では、ほとんどのグループがすでに週毎のミーティングをやめて月一回にしており、ひどい場合は定例会も開かずアニメイターが集金していた。預金額も月五〇ないし一〇〇ルピーとなっていた。極貧の女性でも毎週一〇ルピーなら払えるが、一度に一〇〇ルピーと なると困難になる上に、債務の返済もあるから、工面できないと例会に出席できない。アニメイターによる集金は、する方もされる側も大変である。なによりも問題なのはミーティング以外では決議してはならないルールが崩れ、アニメイターなど数人の有力会員の決済で決まることである。ローンの申請時に払った賄賂などグループ帳簿に記載できないお金が発生したり、アニメイターの使い込みや逃亡、自殺などの問題も起きている。SHGのローンは会員間で希望者に分配されるが、返済はグループの連帯責任である。問題が生じれば不信と不和で、グループの継続が困難になる。

二〇〇八年にはまだ地区内の銀行や信用組合の前には、グループの貯金を預けにきた女性たちが大勢座っているのが連日みられた。どこも建物が日本の特定郵便局ぐらいなので中に入りきれず、外で順番を待ちながら交流しているのである。制服のサリー姿も減っており、カーストも宗教も混在して女性たちが座っている光景は、この地区の劇的な変化の象徴であった。金融機関も取引の多くをこれらのSHGに依存するようになっていた。

しかし、銀行にとっては、貯金だけではなくローンを増やし、滞りなく返済するグループが良いグループである。役所も地区の発展の成果をSHGのローン額ではかるから、政府によるトレーニングは取引に関係することに集中する。ところが補助金つきの事業を偽って申請し、そのお金を本来使用してはならないこと、例えばダウリー（結婚の持参金品）に使うなどして、返済に窮する会員が増えてきた。そのために闇金融のような別のマイクロファイナンス機関（MFI）から新たなローンを借りて返済することになる。このような事態にならないようにWOLD

もグループのモニタリングを行ってきたが、ローン申請の書類から担当NGOの署名欄が消えた。行政によってSHGパンチャヤート連合が再編され、その会長が署名するようになったので、グループもNGOとの接触を避けるようになる。かつては途中で会員が乗るので満員のWOLDの車は「女のジープが来た」と村人からも歓迎されたのだが、今では村に入ることも困難になっている。

問題に直面している事例はたくさんある。ムスリム人口が多数派のエダパット村がSHG活動によっていかに変化したかについて、パンチャヤート連合の役員選挙から以前の論文で紹介しているので[29]、その後についてみてみよう。エダパットはWOLDセンターから約一五キロ離れており、交通の便も非常に悪い。しかし、ムスリムは商人が多いので、女性は非識字者が多いにもかかわらず、SHGの起業も盛んで、ミルク・アニマルの飼育の他にも、野菜や花造り、栄養粉つくり、ディーゼル売り、薬の店などを開いている。以前は家内に隔離同様だったムスリム女性たちの大変な変化である。しかし、WOLDのチェックがなくなってから、週の例会は月毎になった。また安易なローンを求めて複数のMFIに手を出している。全員から六〇〇ルピーを集めれば、最初に一人一〇〇〇ルピーを渡すと言われて騙されたこともある。

いまや多くの金貸し業者が村々に出入りしてSHGや会員の結びつきを利用している。SHG以前と異なるのは、かつては個々人に高利で貸したが、現在は五人ほどのグループをつくらせて低利だが連帯責任で貸す。最初に利子払いをすれば簡単に現金を受け取れるが、週毎に集金人が家に来るので、払えなければだれか他のメンバーが立替えなければならない。これも仲間の不和の原因になる。また、インド銀行に口座を持っているグループの場合は、政府の補助金が入金されているのに、「債務残高が五七六一ルピーある」と何度も督促され、補助金を渡してもらえない。この残高は銀行が間違えて別のグループのものを口座に記入したのだという。インドの農村では銀行が補助金を流用したり、最後は行員への賄賂で決済されることもある。

ＷＯＬＤには自分たちで解決できなくなったＳＨＧからの相談が絶えることがない。「なぜもっと早く来ない」と、スタッフは呆れるが、グループにもＷＯＬＤへの後ろめたさがある。

一方、ペリアノランバイ村などでは違法酒の販売に抗議したさまざまな活動が他の村々にも広がって、大きな成果を生んでいた。ココナッツなどから違法に作った焼酎だが、混ぜものもあり命の危険だけではなく、酔った男たちの喧嘩、妻や子どもへの暴力も大問題だった。とくにダリットの男たちは夜に商人が村に持ち込んでくる違法酒をなけなしの金で飲むために、妻との喧嘩が絶えなかった。妻の日雇い賃金を受け取るのは夫だからである。酔った勢いで殴られたり、性交を強要されてきた妻たちは、ＳＨＧに参加して権利意識に目覚めた後は黙ってはいなかった。まず女性たちはパンチャヤートのリーダーにこのような違法酒の販売を禁止するように請願し続けたが、当のリーダー自身が販売に関わっていた。そこで、ペリアノランバイのＳＨＧパンチャヤート連合は、カーストも宗教もこえて全員で警察所へ抗議のデモ行進をした。地区の開発担当役人と政治家が来て調査と対応を約束した。そして、ついにペリアノランバイでは、二〇〇八年に酒の販売が禁止されたのである。勇敢な行動として新聞にも報道され、村人から感謝された。他の村のSHGにも大きなインスピレーションとなった。

ところが、その後、州政府が酒販売を認可したために、二〇一〇年には街道沿いの小さな村や町の至るところに「公認ワインショップ」が出現した。夕方に周辺の村々から男たちが自転車や徒歩で「ワインショップ」に酒を飲みに出るから、毎日が男たちの祭りのような賑わいである。かつてはダリットとアディヴァーシー、クリスチャンしか食べなかった「聖なる牛」の肉をヒンドゥーの上層カーストの男たちも食べ始めている。村では厳しい共食や身体の接触のタブーも酒店では破られている。しかし、女たちは仕事から帰ってきても休む間がない。暗くなる前に家畜の世話や夕食の支度をしなければならないからである。ダリットだけではない。その他の後進諸階層の女性たちもほとんどが、グループのローンのおかげで楽になったとは言うが、夫が酒を飲み、暴力をふるう場合は別である。

ＷＯＬＤはトレーニングによってダリットや貧困女性たちの自立力を養おうとした。しかし、ＳＨＧは基本的に既婚女性のグループであるから、夫たちが変わらなければ自立は現実には困難である。そこで、女性たちの希望はもっぱら子どもの将来と教育に注がれる。筆者が個人面談においてもっとも気になったのは、この点である。ここでは統計は省くが、ほとんどが非識字か小学校低学年の学歴で、自分の年齢を知らない女性たちも、男女を問わず子どもを学校に通わせている。子どもが将来は「政府の仕事」（国営企業や公務員）に就くことを夢にしている。「政府の仕事」とは、あまり働かなくても良い給料が安定的に得られ、賄賂や手数料も入って楽に暮らせる仕事を意味している。無学な自分たちがそれによって苦しめられているからこそ、成功者の役得だと考えているのである。また、インドは軍事国家であり、この地区にも夫や息子が軍人である女性がかなりいる。

　一方、夫については、「良い夫」でなければ「飲んで暴力をふるう」のどちらかである。低カーストの男性は酒や病によって短命なので、「未亡人」も多い。出産などで命を落とす女性が多いにもかかわらず男女の人口比が変わらないのは、このような理由もある。村のダリット女性にとって、夫は地主や警官などカーストの男による性暴力から自分を守ってくれる存在ではない。面談によって語られる女性たちの個々の問題はあまりにも多い。一方、例外がみられないほどに元気で、リーダーシップもあるのが独身女性である。若い未婚女性のことではなく、身体障害などの理由で結婚できない女性たちである。結婚が宗教的義務であるヒンドゥー社会で、女が独身で生きるためには自立的にならざるをえない。「意固地な女」だったのがＳＨＧというつながりができて力を発揮しているのは、この地区に限らない[30]。既婚女性が夫や家族の協力を自立の鍵とせざるをえない一方で、身体に障害のある独身女性はＳＨＧでハンディをプラスに変えている。

6 「息子が欲しい」（個人面談のケース①）

では、ダリットではなくカースト民（可触民）の貧困女性の場合はどうか。たとえ後進諸階層の貧しいＭＢＣ（Most Backward Community 最後進カースト）であっても、農村での社会的地位はダリットとは天と地ほど異なる。しかし、彼女たちもまた前述したように「女のカースト」の苦しみがあり、ＳＨＧ活動による経済的自立とグループの仲間との連帯の意味は大きい。二人のケースを紹介する。

カストゥリ（仮名）は二三才。一八才で結婚して二人の娘がいる。学歴は一二年卒（ＰＵＣ）で、日本の高卒に当たるが、農村の貧困家庭では稀な高学歴である。夫は二五才、カーストは同じくガウンダルで、六年卒の日雇い農民である。小さい土地があるが、それだけでは食べられないので、夫婦ともに日雇い労働をする。見合い結婚で、結婚式の当日に初めて夫に会ったという。本当は学校を卒業後、教員養成学校に行きたかったが、経済的理由で諦めた。三人の兄弟と二人の姉妹は無学だが、彼女は成績が良かったので、政府の学校を一二年まで行くことができた。しかし、家族には女への期待はなく、教育の価値も知らなかった上に、長兄が妻とのもめごとが原因で農薬自殺をし、幼い息子が一人残されたので、早々に結婚させられた。

婚家も教育にはまるで理解がない。夫は飲酒や暴力をふるうことはないが、仕事と家事、それに義父母たちとの暮らしは辛いという。しかも彼女の一番の苦しみは、二回目の妊娠で中絶に失敗（注射）して未熟児で誕生後に死亡したのが息子だったことだ。「息子が欲しい」という。日雇いでも女は鋤に触れることができないので、雄牛を使える男とは日当に大きな差がある。女が鋤に触れると、雨が降らない、家族や村に災いが起こると信じられている。別に牛を使う仕事でなくても、ジェンダーから男女の日当差がある。だから彼女は、娘二人が学校へ行きたいといえば叶えたい、看護師か先生になってほしいと言う。

カストゥリは、WOLDではなくハンド・イン・ハンドというNGOが二〇〇七年につくったSHGの会員で、アニメイターが読み書きできないので、彼女が実質的な代表をしている。MBCとBCの会員のグループで、ダリットはいない。当初は毎週、定期的にミーティングをしていたが、現在はまったくしていない。NGO自体がもう機能していない。そこで彼女はWOLDに相談にきた。二〇一〇年三月にグループの回転資金として政府から六万ルピーをチェックでもらい、通帳にも記入されているにもかかわらず、銀行が支払いを拒否しているという。ミーティングの署名がない、アカウントが正しくないというのが拒否理由だが、一方で支配人は四〇〇〇ルピーを利子として要求しているという。貧しい女性たちを搾取するやり口である。このようなケースは頻繁に起きている。

カストゥリは、グループ活動も会員間のつながりもなくなったグループだから解散したいというが、グループの通帳に残高があるかぎりできない。彼女自身はローンで乳牛を飼い、そのミルクで債務をすべて返済した。SHGのメリットは経済的にはあったのだが、彼女の生活は忙しくなっただけで、何も変わらないという。ダリットの女性グループのように「人間としての自尊心の回復、自信」というような答えはなかった。

一方、ヴァサンティ（仮名）もガウンダルで、二七才。一四才で結婚して一三才の娘と二才の息子がいる。教育は七年。夫は四〇才で、学校は三年で中退、二エーカーの土地をもつ農民である。ヴァサンティも結婚については何も知らず、息子の結婚を急ぐ両親のはからいで嫁がされた。彼女は二番目の娘を帝王切開で亡くしている。その後、ずっと妊娠しなかったために、息子が欲しい夫は二番目の妻を探していた。ヴァサンティは泣いてばかりだったが、息子を授かろうと巡礼や剃髪、供物、献金などで必死に祈った。幸いにも妊娠して息子を産めたので、離婚されずにすみ、自信を回復できた。義父母もそれ以降は優しくなった。しかし、息子が生まれた後も、夫は妻が従わないと暴力をふるう。妻をコントロールするのは夫の役目だと考えているのである。近所の同じカーストの既婚の女性との性関係も続けている。

息子の帝王切開後、ヴァサンティは政府の家族計画手術（不妊手術）を受けた。息子ができたから、もう子どもはいらないという。しかし、ずっと体調が悪い。実の妹が息子の世話に来てくれるので、それだけでも助かっているというが、毎朝四時に起きて、畑（ピーナッツと米）の日雇い労働者用の昼食づくり、一緒の畑仕事、全員に昼食を出してから家に帰り、午後はＭＮＲＥＧＡ（マハトマ全国農村雇用保障法[31]）の割当仕事、帰宅後は夕食の支度、就寝は九時過ぎという生活である。ＭＮＲＥＧＡのせいで日雇いが不足しているので、日当もあがり、昼食も出さないといけないという。

ヴァサンティは夫の浮気の相手を知っているが、家族の名誉のために、けっして口にしない。農村では家族の名誉と安寧を守るのは、宗教的にも夫ではなく妻の役割だとされている。「若い時の結婚はよくない」というヴァサンティは、このような知識をWOLDのトレーニングで得た。世界で起きていることが知れたのもよかったという。ヴァサンティが属するのは二〇〇二年にWOLDがつくったSHGである。早い時期に出来たので、グループはさまざまなトレーニングを受けており、毎週のミーティングも続けてきた。ところが、州政府の政権が代わった二ヶ月ほど前（二〇一一年六月）から活動がストップしているという。ローンが滞っているのだ。彼女はグループ全体の貯金やローン額について何も知らず、自身がローンを得て事業をしたこともない。グループ内ローンのシェアで二〇〇〇ルピーの利子配当を得たこと、個人の貯金が六〇〇〇ルピーあることだけを覚えている。このようにSHG活動に主体的ではない会員は、経済的に夫に依存し、意思決定権も従来どおりに夫が握っていることが多い。

(二) ティルヴァンナマライ県アールニ地区

ティルヴァンナマライ県は、タミール・ナードゥ州の三〇県のひとつで、州都チェンナイから南西へ約一二〇キロに県庁所在地のティルヴァンナマライがある。一九八九年に県になった比較的新しい県で、一八のブロックと四つの市からなる。その中心であるティルヴァンナマライは巨大なヒンドゥー寺院が多い南インドでも最大級のシヴァ寺院と、聖アルチャラ山、ラマナ・マハリシ・アシュラムで知られる。八月の満月にはアルチャラ山巡礼に全国からヒンドゥー教徒が押し寄せる。また、アシュラムには西洋人を中心に外国人が常時、滞在している。県の人口は二〇〇一年の国勢調査で約二一九万人だが、ヒンドゥー教徒が九三％以上をしめる。ムスリムは四％に満たず、キリスト教徒も二・五％だから、先述したヴィルップラム県やタミール・ナードゥ州全体ともかなり異なる。労働人口は二〇〇一年の統計で約八三万人、農業労働者、耕作者、サービス・修理、家内工業などで、その他の工場や会社の従業員は僅かである。インフォーマル・セクターで働く周辺労働人口が二四万人で全体の二二％をしめる。両方を合わせて一〇六万人、子どもや主婦などの非就労人口が半数になる。

四　南インド・タミール・ナードゥ州の場合

1　地区の特徴とＮＧＯ

アールニはティルヴァンナマライ県のアールニ市、アールニ郡（ブロック）および西アールニ郡からなる。筆者はアールニ市およびアールニ郡のＳＨＧについて調査した。アールニは絹織物の産地として知られる。家内工業が多く、女性も男性と対等の働き手である。男女比率は、アールニ市で男一〇〇〇人に対して女一〇一六人、アールニ郡では男女同数である。しかし、貧困層の男性は飲酒や不摂生で早死にが多いので、この数字のみでは女児数の実態は分からない。識字率はアールニ市で男五四・八％、女四五・三％、アールニ郡で男五八・六％、女四一・四％で、町と村で大差はない。但し、ＳＣ（指定カースト）人口は、市で一〇・八％、郡で二一・七％と大差がある。ここでも農村部にダリットが多い。アディヴァーシー（ＳＴ）は〇・二％と少ない。

アールニで地元のダリット女性のＮＧＯとして一九八七年から活動しているのがＷＥＬ（Women's Education for Liberation 解放のための女性教育）である。キリスト教系のＮＧＯである。ＷＥＬは二〇〇三年からＳＨＧづくりに関わってきた。二〇一〇年八月時点で五一二のグループをつくっている。すべてダリットのグループである。ＷＥＬによるＳＨＧトレーニングは、社会経済、政治、教育、文化の諸問題についての意識覚醒を主眼にしている点では先述したＷＯＬＤと共通であるが、収入をえるための具体的な技術トレーニングが、この地域ならではのものが多い。たとえばサリーのデザイン技術や織物である。また、アールニ市内もしくは市内に近い農村のＳＨＧに対しては、コンピューターはもとよりベーカリーや

アールニの町

フードプロセッシング、ビューティシャンなどのトレーニングをしている。

また、ＷＥＬがとくに力を入れてきたのが、女性と子どものヘルスケアーである。オーストリアやドイツのＮＧＯからの支援で、さまざまな無料のヘルスキャンプを行ってきた。ドイツ人の学生たちによるワークキャンプも毎年行われ、ダリット居住区に集会小屋をつくってきた。また、市内にあるＷＥＬのセンター施設では、ゼロ才から一四才のさまざまに障害をもった子どもたちのリハビリのためのデイケアーを行い、大人の為にはローンやフリーパス、年金などの政府の関連の諸施策の恩恵を得られるように支援してきた。このデイケアー・センターは二〇一〇年に閉鎖させられ、子どもたちは公立学校に行くことになった。しかし、はたしてダリットの親が障害をもった子どもを学校に連れていけるだろうか。ＷＥＬのようなバスによる送迎はない。

WEL の看板

ＮＧＯに対する政府の介入は、ＳＨＧを政府の直接管理下におくだけではなく、外国からの資金援助による活動に及んでいる。一方、ＷＯＬＤと同様にＷＥＬも地元のダリットＮＧＯであり、本来が女性たちによる運動体であるから、自分たちがつくったＳＨＧとの関係を、すべてではないが持続し、必要に応じて相談にのっている。そこで活動がうまく継続しているSHGの周囲には新しいSHGが誕生し、相互に刺激しあい、助け合っている。
具体例としてアールニ郡の二つの村のケースについて説明する。

2 SHGの活動と地域の変化

アールニ郡は三八のパンチャヤート村と二〇二の小集落からなる。人口は約一〇万四千人（二〇〇一年）である。アリヤッパディ村はアールニ市の南に隣接している。そのダリット居住区に五つのSHGがある。すべてヒンドゥーSCの女性たちで、仕事は日雇いの農業労働者である。ここには早くからWELのヘルスケアー活動やドイツ人学生のワークキャンプが入っていた。そして二〇〇五年にマルマラーチ、ヴェイスミーンガル、トゥンガルの三つのSHGが誕生してから、共同体は大きく変わってきた。各一五人の会員であるが、所属グループが異なるだけで、毎週のミーティングも幼児用の給食センターを利用して、同じ場所と時間帯で行っている。また、彼女たちの成功に刺激されて、二〇〇八年にエニヤタミス、二〇〇九年にティーンクードゥの二つのグループができた。

まず、最初にすべてのグループが始めたのは、SC用の特別補助金（タミール・ナードゥ州ではアディドラヴィダ資金）を利用した牛や山羊などのミルク用の家畜の飼育である。次のローンで会員はそれぞれ個人的にも事業を始めた。雨期にしか利用できないドライランドに井戸を掘っ

グループ会員が持ち込むミルクの集積所

て灌漑したり、ポンプ用のエンジンを購入したり、あるいは小さな土地を購入したりして、野菜や米、果物を栽培している。水さえあれば米なら年に三回、ピーナッツなどとの輪作、茄子やトマトなどの野菜、マンゴーやバナナ、グヴァなどの果物も年中、僅かながらも日々の現金収入になる。この村はアールニ市という消費地に近いことが幸いしているのである。その他にも絹や木綿の機織りとそのための小屋の建設、自分たちの居住区内に食べ物や雑貨の小さな店を開いた女性たちもいる。

　自分名義の土地が持てたこと、家族のために家を建てたこと、子どもの教育費用を出せることを、女性たちは何よりも誇らしく口にする。それによって家族からも村人からも尊敬されるようになったからである。以前は日雇い労働しか家族の収入源がなかった。それも毎日はない。とくに乾期は農業の仕事がないから借金づけになり、つねにカーストの地主の債務奴隷の状態だったのである。子どもの教育どころではなく、女性たちは飢えと病と差別、夫やカーストの男たちからの暴力にも晒されていた。現在は会員の多くがパンチャヤートの村議会や村の集会にも積極的に参加して発言している。まだ議員は出せていないが、経済的な自立がカーストの壁を内側から破る力になったのである。自分たちのダリット共同体をもっと良くできるという自信が、五つのグループが共に集まっている会場全体に溢れている。アニメイターや代表ではなくても、ＷＥＬのトレーニングを「共同体のリーダーになる」ためだったと答える。家族だけではなく村の変化にも貢献していることへの自負からである。

一方、セルムール村の場合は、アリヤッパディ村よりもさらに南になり、アールニ市内から遠く離れる。ここのダリット居住区には四つのＳＨＧがある。二〇〇八年と二〇〇九年にＷＥＬによってつくられた。すでにＳＨＧが政府直轄に移行した後ではあるが、この居住区も、アリヤッパディの場合と同様に、ＷＥＬの活動が早くから行われており、筆者は二〇〇〇年八月にも訪ねたことがある。ドイツ人学生たちのワークキャンプが村人と一緒に集会所を作っている最中だった。近年は、ＳＨＧが多いダリット居住区内には州政府が集会用の小屋を建てているが、ここには早くからそれができていたのである。カースト村とは異なり、元来のダリット・コロニーは家族全員ですら中で寝ることができないような小さな泥小屋の集落である。グループのミーティングも外で行うか、四年生までの小学校や幼児用の給食センターが村との境にある場合は、そこで行っていた。

一部屋だけの土間で、電気もなく、明かりとりの小さな窓があるだけの小屋だが、それでもレンガ造りで、何よりも立ったままで入り口を入ることのできる建物が自分たち専用にできた時の女性たちの喜びは格別だった。ＮＧＯにしても、政府にしても、雨期には中で話し合える場所が必要である。今回、筆者が訪ねた時、その小屋の前には鮮やかなコーラム[32]が地面一杯に描かれ、暗い小屋の中には私たちを歓迎するためのヒンドゥーの女神の神像とアールティ[33]の準備がされていた。ちょうど村に葬式があったので、女性たちは家に帰って沐浴をし、洗髪をしてから装って、三々五々と集まってきた。もちろん、小屋の中には入れきれないために、歓迎式の後は小屋の前の土の上で、暗くなるまで集会をし、私の質問にも答えてもらった。

ビスケットやコーラ、バナナなどが次々と具され、私たちを自分たちの貯金からもてなすことのできる喜びで、彼女たちは自信と喜びに溢れていた。かつてはＮＧＯからもらったお金でお客を迎える準備はしても、自分たち自身で提供する余裕はなかった。またダリットから飲食物を受け取るヒンドゥーの上層カーストもいなかった。しかし、自分たちの集会所が早くからあったにもかかわらずＳＨＧが二〇〇八年までできなかったのは、一言でいえば、油断とＮＧＯへの依存性であろう。主体的なリーダーが育っていなかったのである。いったんＳＨＧをつくれば責任が生まれる。否応もなくさまざまのトレーニングを受けなければならない。メルマライアヌル地区の項で説明したように、当初のルールは政府の指導においても厳しく、またダリット女性のＮＧＯはそこにさらに意識覚醒のためのリーダーシップトレーニングを加えたから、経済を軸にしながらも共同体ぐるみの変化をもたらしてきた。

四つのＳＨＧは全員がヒンドゥーＳＣであるが、アディドラヴィダ資金はまだもらえていない。しかし、毎週のミーティングと各自が月一〇〇ルピーの貯金がたまったグループ口座からのローンで、子どもの教育や家族の病気などの医療費を賄っている。緊急時も高利に依存しなくてよくなり、貯金の仕方と支出とのバランスのとり方がわかったという。また、政府からの回転資金を得ることができたので、そのローンを用いて、個々人が竹かごつくり、野菜つくり、裁縫、茶店やイドゥリの店なども持ちはじめている。その準備でトレーニングを受けている女性たちもいる。これらによって、不定期な日雇い労働以外にもわずかながらも日銭が入るようになった。

コロニーの中に茶店を持ちたかったと答えた女性に、これまでダリットが村の茶店で呑みたい時に、どれほどの差別と屈辱を受けてきたかを経験している女性たちに共感の表情が広がった。最近はプラスチックの小さな使い捨ての器がどこでも使われるようになったが、以前はダリットにはタンブラーではなく素焼きの土器で渡された。なお、粗末なプラスチックは環境ホルモンで身体的に問題があるのだが、それは差別とは別の問題である。また、メルマライアヌル地区の村でも述べたように、タミール・ナードゥ州の代表的な朝食で、消化や栄養に優れた発酵食品のイドゥリも、カースト人の食べ物だった。これをダリットの子どもたちに安く食べさせたいという願いから、イドゥリの店づくりに挑戦している女性に対してもグループあげて支援している。

起業はこれからというところだが、どのグループからも自信と熱意が伝わってくる。読み書きできない女性もまず署名を覚えた。トレーニングや集会で、グループの女性たちと苦しみをシェアできること、一緒に外出できるようになったのが、何よりも嬉しいという声は、どこでも共通している。娘は結婚費用よりも教育にお金を使うことが大事だとわかったという声も大きい。それまで農村のダリットの女性たちは仕事で必要最小限度に村に入れる以外は、ダリット居住区内に隔離されて生きてきたからである。

3　課題

では、アールニではどこもうまくいっているのかというと、そうではない。ＷＥＬによれば、彼女たちがつくったＳＨＧのうち三四グループが、債務不履行で失敗している。原因は、会員間の協力と理解が不足していたこと、ＮＧＯや政府がＳＨＧをうまくモニタリングできなかったこと、グループ貯金ができないほどの貧困、収入を得るための起業の失敗などである。

また、ＷＥＬは活動対象地域のすべての家庭にトイレをつくるように運動したが、これは完全な失敗に終わっている。まず場所の問題、それから自分の利害で動く政治家による妨害、貧しい人たちの自身の健康への無頓着さと社会的、経済的な条件の悪さなどによる。農村、とくにダリット居住区はどこもいわゆるオープン・トイレットである。公立の学校にもトイレがないのがふつうである。しかし、野原や薮で用を足さないといけないことは、女性にとって非常に危険である。集団で行けない時にレイプ事件が起きたり、毒蛇にかまれることもある。雨期や生理中などは、とくに大変である。

援助金などでトイレが出来ても、水不足のために清潔に維持することができなかったり、トイレ掃除は自分たちよりもさらに身分の低いスカベンジャー（糞尿掃除カースト、後述のグジャラート州のヴァンギ）の仕事だと考える習慣などから、使われずに閉鎖されるケースも多い。筆者もあまりに不潔なトイレに閉口して、女性グループと何度も議論したが、危険でも野原を選ぶという。汚いものを近づけないという浄穢感をダリット女性も持っているのである。

六〇人のスタッフがいるアールニ郡の開発事務所（BDO）によると、ここにはWELを含めて四つのNGOがあり、二〇一〇年八月現在で、NGOがつくったSHGは八四〇グループである。その内の六〇〇のグループが継続的にローンを借りて返済もスムーズに行っている。しかし、一二〇のグループは返済が滞っているという。面談した担当者によれば、マイクロファイナンスSHGの活動の成功と失敗を分けるのは、定期的なミーティング、定期的な返済、創造的な起業の支援、NGOと担当行政官の協力関係にあるという。担当行政官の役割と責任のほうがはるかに大きい事実に言及することはなかった。現在、NGOはSHGに関してはボランティアで活動しているからである。

4 「障害者の独身女性の成功」（個人面談ケース②）

アリヤッパディ村のマルマラーチSHGのアニメイターのアンブージャムは三二才で独身。非常に小柄で目が不自由である。生まれつきの弱視でほとんど見えない。九人家族で暮らしている。インドでは結婚は宗教的な義務、とくにヒンドゥー教徒の女性にとっては重要な浄化儀礼だと考えられている。これは土着の下層カーストの宗教観ではないが、二–(二)で述べたように、社会的な上昇志向からインド全土の慣習となっている。ところがだれでも結婚できるわけではない。息子を産み、宗教的にも夫と家族の安全を守ることが女性の結婚の要件とされる。それができないと思われる女性は結婚から除外される。

筆者がＳＨＧの調査で気づいたのは、このような障害をもった独身女性たちの活動的な働きぶりである。当初はアムブージャムもどこにも出かけられず、教育も受けられず、いらいらを家族や隣人に向けていた。ところが、障害者は独身でもＳＨＧに加入できたので、二〇〇五年にコロニーにグループができると、母親と一緒に加入した。リーダーとして生来の能力を発揮したのはそれからである。ＷＥＬは読み書きできない女性たちのためにスキットで意識覚醒のトレーニングをしていた。彼女は目は不自由だが、歌と踊り、話術と三拍子揃った芸達者で、即興のスキットができる。ＷＥＬのさまざまなトレーニングをうけ、一時期、スタッフとしても芸術活動部門で手伝ってきた。その能力をアニメイターとして村で発揮したのである。

彼女の個人の貯蓄は五千ルピー、これは一五人のメンバー全員が同じである。グループの口座から二万二千ルピーを、銀行から一万千ルピーを借りて、家を建てた。障害者の年金もある。先にみたようにグループが得たダリット用の特別資金で各人が乳牛を飼い、ミルクを販売している。アムブージャムは、自分で銀行に出かけてグループの貯金を預け、役所に出向いて、堂々と質問し、意見を言っている。ＳＨＧの会員はローンを得ても、夫がそれを使ったり、家族のためにお金を使って、返済は自分の責任になることが多い。そのことで家族の尊敬を得られるならば自信になるが、多忙になるばかりの女性が多いのも事実である。その点、障害のために独身である女性は、夫や家族の束縛から自由で、しかも経済的に自立できた喜びを味わっている。生き延びる必要からきつい性格だったのが、それを利用してよいリーダーに変わったのである。

(三) コインバトル県ヴァルパライ郡

1 地区の特徴とNGO

コインバトル市はチェンナイから南西の約五〇〇キロにある繊維産業の中心都市で、「南インドのマンチェスター」とも言われる。タミール・ナードゥ州で第三の都市である。コインバトル県は総人口が約二九一万人(二〇〇一年)で、政令指定都市であるコインバトル市を除いて三市と八郡からなる。筆者が今回の調査地に選んだヴァルパライ郡は、コインバトル県の最南部の山岳地帯で、一郡一村のみである。標高一八〇〇メートルの山頂に町があり、広大なティープランテーションとケーララ州につながる野生保護区やダムで知られる。山へのゲートは午後四時に閉められて、外来者は通れなくなる。プランテーションはヒル・ステーションとして観光客も多い隣のニールギリ県のウーティなどと同様に、イギリスの植民地時代に作られたものだが、現在はタタなどのインドの財閥が経営している。人口は九万五千人で、識字率は男七九%、女六三%である。

イギリスがつくったティープランテーションには一八六二年から労働者用の住まいが建てられ

て、周辺の村からダリットが労働者として移住してきた。現在はその子孫と新たに移住してきた家族である。大半が労働契約を結んで、無料の労働者用のクォーターに住んでいる。ほとんどがクリスチャン・ダリットで、夫婦共に茶摘みをする。平均日当は男女共に一二〇ルピーである。季節によって異なるが、四〇キロの葉（季節外は三五キロ）が最低条件で、それを越えるとキロ単位で加算される。女性の場合は平地の農業労働者よりも日当は高いが、健康上のさまざまな問題がある。とくに雨期がたいへんである。また、一九九〇年頃から化学肥料と農薬が使われるようになったために、茶葉にこびりついた農薬が原因と思われる皮膚病とがん患者が増えている。毒蛇の被害もある。

子どもは義務教育（八年）までがほとんどで、それが終わると山を下りて、ティルプール市の工場へ働きに出る。最近も二件、かれらの子どもが睡眠剤の入ったジュースを飲まされて、腎臓をとられて死亡するという事件がおきた。工場側が和解金を出して、事件をもみ消した。警察にも賄賂を渡しているので、親は泣き寝入りになったという。ここだけのことではないが、弱い立場のダリットは警察に訴えても無駄なことを骨身にしみて知っている。根気強く闘ってくれるＮＧＯと親身な弁護士がいれば別なのだが、ヴァルパライにはそのようなＮＧＯも弁護士もいないという。

また、ヴァルパライにはアディヴァーシーのカダール、ムヴァール、マルサール族がいる。全部で約一五五〇人と言われる。政府がつくった居留地に約二五家族ずつの単位で住んで、プランテーションで働いているが、自分たちの食べ物（自然採取）と薬草、宗教、生活様式、言葉を守っている。タミール語とはまったく異なる独特の言語である。会話は鳥のさえずりのように聞える。ただ、プランテーションで働いているので、タミール語は理解する。州政府が部族の子どもたちのために建てた学校もあるが、教育レベルは非常に低いという。それ以外には政府による保護も補助もなく、非常に貧しい。また、森には野性の象、熊、虎、イノシシ、ライオン猿の群れなどがいるが、プランテーションとの境界付近に居留地があるために、薪取りなどで象や熊に襲われて大怪我や死亡する事故も多い。

もともとヴァルパライに住んでいたアディヴァーシーであるが、人口が少なく、また山岳地帯に散らばっていたために、指定部族（ＳＴ）としての留保枠による就学や就職の特典を利用できるような生活様式ではなかった。しかし、ようやく三部族の女性たちが集まって、子どもたちのために連帯を始めている。また、女性たちはダリット同様に政府の家族計画手術（不妊手術）を受けているが、これについても議論のあるところである。これらのアディヴァーシーのために行政の委託を受けた調査と支援活動をしている地元のダンダボニ氏の仲介によって、筆者は休日の茶畑で部族のリーダーとその家族と面談した。連日の激しい雨に阻まれて、谷にある居留地まで行くことができなかった。また、全インドダリット女性連盟のタミール・ナードゥ州・ヴァルパライ支部長であるセルヴァラニ氏の紹介で、プランテーション労働者の間で初めてできたＳＨＧの女性たちに会った。

2　ＳＨＧの活動と課題

アンナ・ソニアＳＨＧは、ティープランテーションのダリット・クリスチャンの女性二〇人のグループである。コインバトル市の多目的発展協会という政府系の機関によって、約一年前の二〇〇九年につくられた。全員が南インド教会（ＣＳＩ）の会員だから、月二回のミーティングを日曜礼拝の後に行っている。最初の補助金は得ており、各自が一二〇〇ルピーの貯金高だった。必要な時にグループの口座から低利（二％）で借り、また返してゆけるので、「ＳＨＧは有り難い」というのが、だれもの感想である。それまでは高利で借りていた。しかし、まだ政府や銀行からのローンはまったく受けていない。また、トレーニングも皆無である。ＳＨＧ活動のための初期トレーニングは、コインバトル市で日曜日に行われたらしいが、このグループからは参加できなかったという。午前中は礼拝があり、午後は週一回の休みの日なので家事がたまっている。一八〇〇メートルの山頂の長い尾根道を通って平地と往復するのだから、コインバトル行きは容易なことではない。

ダリット女性であってもクリスチャンは一般にヒンドゥーやムスリムよりも学歴は高く、読み書きができない率は低い。マイクロクレジットのＳＨＧについても知っていたというが、それはヒンドゥーのもので、クリスチャンは参加できないと思っていたという。教会の日曜礼拝も、圧倒的多数が女性信徒で、後ろの方に男女に左右に分かれて座る男性の姿があるのみだが、高台から説教する牧師も、司式の役員もすべて男性である。これはＣＳＩの他教会も同様である。プランテーションの女性たちは、日々、男性と対等の労働をこなし、家事と育児をし、教会のための奉仕も担っている。これ以上の労働はきついだろう。

しかし、全員が定期的に貯金し、グループの口座からローンを得るだけならば講とあまり変わらない。ＳＨＧ活動として何がしたいかという筆者の問いに、「いつかはここの農園で働く女性たちの生き方を変えることができるように、皆で考えられるようになりたい」との答えが返ってきた。ここではミルクに脱脂粉乳を使っているが、山羊か牛を飼育したらどうか、共同の茶店もいい、と平地の女性グループの活動を紹介した。日雇い労働だけではない収入源を得ることも生き方を変える道である。なによりも農園労働者の子どもたちが平地の工場で差別されて被害を受けた時に、あきらめるのではなく怒り、訴え、そして知恵をだして対抗できるようなグループに育ってほしい。

（四）その他の地区の状況

1 「ＳＨＧよりもエンパワーメントが大事だ」（個人面談のケース③）

サンタナメリー（六〇才）はスリランカと狭い海峡を挟むヒンドゥーの聖地ラーメシュワラムのあるラーマナタプーラム県を中心に活動する。活動のために何度も逮捕され、「不可触民解放の父」と呼ばれるアンベードカル博士を記念した協会から数回表彰されている。ダリットの意識覚醒を促すための歌のすばらしい歌い手でもある。

ビルマで生まれ、一九六六年、一二才の時に難民船に乗って両親と四人の兄弟姉妹でインドに帰国した。船のなかで性暴力をふくめてひどい目にあった。帰国後、一二才から日雇い労働で働いて、兄を大学に入れ、後には妹も大学（寮）へ送った。彼女自身はビルマで三年までの教育を受けたのみである。二四才の時に親族内で恋愛結婚した。夫は二才年上で、学歴は六年までで同じくダリットのカトリックである。日雇い農民だが、一エーカーの自分の土地がある。息子一人、娘二人を産んだ後に、キリスト教系の団体と出会って活動を始めた。夫は反対だったので、家からお金を持ち出しては殴られた。インド共産党に入り、ダリットの少女が高カーストにレイプされる度に、地元の警察に訴えた。警察も最初は彼女を脅かし、カーストの男たちからは何度も殺されそうになった。そのうちにダリットとカーストの女性たちが一緒に一〇〇人規模で抗議行動するようになると、全員が一斉に逮捕され、夕方に保釈された。当時は共産党が違法だったのである。

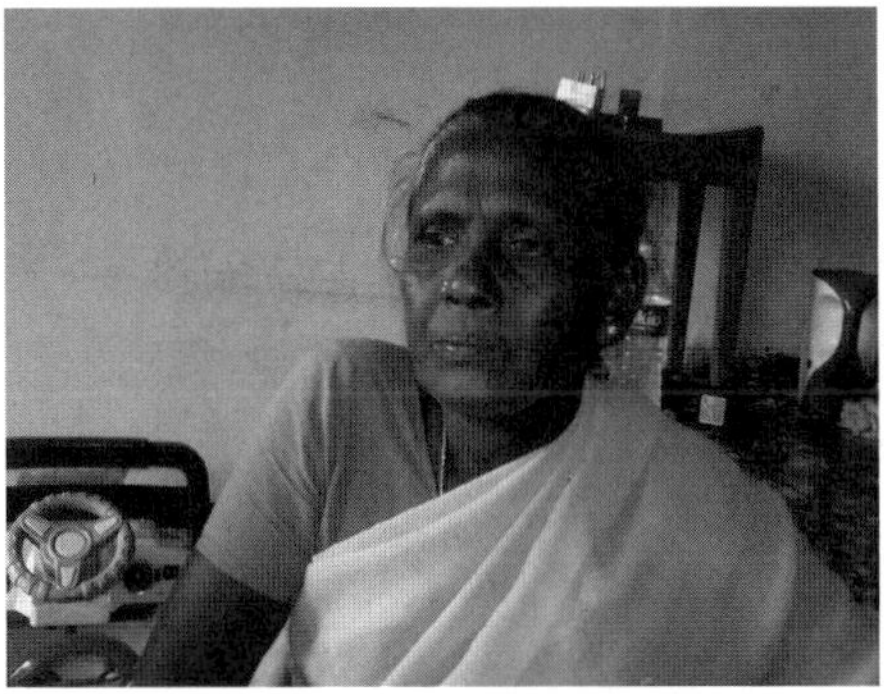

サンタナメリー氏

一〇年前に彼女はインド共産党を脱党した。女性の財産権など、もっと女性の問題に集中して活動したかったからだという。現在、彼女は全インド・ダリット女性連盟などでシバガンガイ県とラーマナタプーラム県のなかの二つの郡を担当して活動している。カーストの男によるダリットのレイプと殺害事件が非常に多い。ダリットの少女たちに携帯電話を使わないようにと助言している。最近（二〇一一年）も三人のダリットの少女（一六才ほど）が高カーストにレイプされ殺された。政治的な圧力がかかって、訴えてもどうにもならないという。また、婚家の家族に拷問されたダリット・クリスチャンの少女のケースは二〇一〇年一一月に警察に訴えたが、弁護士が入って犯人たちは保釈されたという。

ダリットに対する差別は教会でも同様である。プロテスタントのＣＳＩは少し変わったが、カトリック教会はどこも同じである。サンタナメリーは一族全員がカトリック教徒である。イエスの平等の教えは信じるが、イエスの名前による差別や残虐行為は許せない。だから共産党員にはクリスチャンはほとんどおらず、彼女は例外的だったという。しかし、教会にいるからこそ、差別を告発できると考える彼女は、毎週、礼拝に出席する。

彼女のダリット居住区には小さい教会があるが、司祭がいないのでミサは三ヶ月に一度である。村にある教会のほうが大きくて、毎週、ミサが行われる。ダリットは大祭の時などにその教会に出席するが、正面席にはカーストの人間が、両脇にダリットが座る。また、ミサも、ダリットは前に出て司祭からパンをもらうことはできず、座席でシスターからもらう。大祭の行列にもダリットは参加できない。平和を乱さないように小さい頃から躾けられてきた。敬虔で従順、平和で秩序を守ることが教会の習慣になっている。しかし、彼女は女性運動をはじめてから堂々と正面の席に座ることもある。サンタナメリーがどこの席に座ろうと村人と神父は黙っているが、それは彼らが彼女の大胆さを知っているからで、他のダリットがそのようにすることは許さない。また、司教はサンタナメリーが教会に入ることも許さないという。他所の教会に行くときは、ダリットは両脇ではなく後方に座る。

　このような状況のなかで運動してきたサンタナメリーは、マイクロクレジットのＳＨＧについて批判的である。たとえば、ＳＨＧのローンを夫の借金返しに使われたり、借金の相手に暴力的にとられるケースもある。また、夫が酒を飲むために暴力をふるって妻のローンの金をとったり、逃げたりする。酒の飲み過ぎで夫が早死にするから寡婦が多い。経済よりも女性の意識改革とエンパワーメントのほうが大事だという。

2　「娘を殺されて」（個人面談のケース④）

　長い間、ダリットの女性運動をしてきながら、外からと内からの何重もの打撃で押しつぶされた女性もいる。

　ヴィルップラム県ジンジー郡のＡＷＡＲＤ（Association

AWARDの看板

殺されたAWARD代表の娘

for Women's Awareness in Rural Development 農村開発における女性の覚醒連合）はスタッフが三人の小さなＮＧＯだが、二〇〇〇年に創立後、一〇年間で三六五の貧困女性のＳＨＧをつくってきた。ＳＣグループが八三、ＳＴグループが一五、クリスチャン・グループが五、ムスリム・グループが一二、混成グループが二五〇である。その他に男性の青年グループが五二ある。一時期はヒジュラ[34]のグループもあったが、現在は解散している。このＮＧＯを創ったのがアンソニー・メリーである。筆者は二〇〇〇年来、ダリットらしくない大柄で華やかな彼女の活動を見てきた。落選したが州議会議員の選挙に出たこともある。ところが二〇一〇年に会った時に彼女の変わり様に驚いた。骨折し、病気も抱えていた。二年前に娘が婚家で殺されたという。

　アンソニー・メリーの娘は弁護士だった。とても美人で、頭がよく、愛情深く、母親の仕事を理解してよく手伝っていた。両親の秘蔵っ子だっただけではなく、ダリットの女性コミュニティの希望の星だった。恋愛結婚した相手もダリットの弁護士だった。相手の家族が気に入らないという理由で父親（アンソニーメリーの亡夫）が反対するのを押し切って、娘は結婚した。そして、もうすぐ検事になれるという矢先、そうすれば同胞の役に立てると娘も母親も喜んでいた矢先の事件だった。彼女は長く子供が生まれないという理由で、婚家でいじめられていたという。夫は外に女をつくり、その女性に子供が生まれたために、離婚を迫られたが応じなかった。

ある日、部屋に閉じこめられ、手を縛られて無理矢理、離婚届に署名させられようとした。なおも拒否したので、壁に頭をがんがん打ち付けて殴られたという。その後、彼女は窓から必死で逃走して、母親の家に逃げ込み、そこで意識不明で倒れた。母親と息子はすぐに彼女を車でチェンナイの病院へ運んだ。病院で娘は瀕死の状態でも事実を遺書として書き残したという。彼女の夫がやってきて、「何を病人のふりをしているのだ。一緒に家に帰れ」と怒鳴ったというが、母親と息子は彼を追い払った。その後で、彼女は亡くなったのである。

警察に訴えようという息子をいさめて、アンソニー・メリーは娘を流産で死んだことにした。事実、病院での検診で娘が妊娠していたこと、出血したことがわかったという。しかし、激しい怒りのなかでも、義理の息子と家族を告訴しなかったのは家族の名誉を守るためだった。娘は死んでしまった、これ以上、裁判沙汰にしても何がえられる、ということだった。しかし、噂は広まって、誰もが事実を知っている。ＡＷＡＲＤの事務所の壁には娘の写真が飾られている。ダリットの女性たちは「彼女のような弁護士でさえ自分を守れなかったのに、私たちがどうやって身を守れるというのか」と絶望的な気持ちになる。息子を産めない、あるいは持参金（ダウリー）にからむ妻や嫁の虐待や離婚、殺人事件が、以前ならば考えられなかったダリットの社会にまで及んできているのである。

ＡＷＡＲＤは現在、息子が母親に代わって仕事をしているが、すべてのＳＨＧが政府の直轄下に置かれている為に、グループのローン申請時の手続きなどの援助が主な仕事になっている。先に述べたＷＯＬＤとは異なり、ローン額から一定比率の手数料をもらってＮＧＯを存続させている。政府担当者への助言やグループの職業トレーニングなど、実質的な活動を忙しく担っているだけに、怒りと屈辱感は大きい。ダリットよりも「その他の後進諸階層」（ＢＣ、ＭＢＣ）のグループのほうがうまく連帯して、ローン額も大きく、発展しているからである。ダリットの分断と意識改革はここでも大きな壁になっている。ＳＨＧ活動の意欲を喪失したアンソニー・メリーによれば、それが既得権益をもつ政治家や階層のねらいなのだという。先述したサンタナメリーの「エンパワーメントが先だ」という意見とも通じる。

五　南インド・カルナータカ州の場合

（一）コーラール県ＫＧＦ

カルナータカ州はインド南西部に位置する州（一九五六年一一月創立）で、公用語はカンナダ語、人口は約六千百万人（二〇一一年統計）である。国際的なＩＴ都市として知られるバンガロール（ベンガルール）はその州都である。バンガロール市はタミール・ナードゥ州との州境にあるために、タミール人の移住労働者が多い。カルナータカ州は三〇県からなるが、バンガロールの東に位置し、南はタミール・ナードゥ州、東はアンドラ・プラーデッシュ州に接しているのがコーラール県である。

このような立地および歴史的な理由から、コーラール県では県民はカンナダ語、タミール語、そしてテルグー語（アンドラ・プラーデッシュ州の公用語）を話す、あるいはそのコミュニティにわかれる。人口は約一五七万人で、近代になってからのＫＧＦ（Kolar Gold Field コーラール金鉱）の発見で、コーラールは「黄金の土地」として有名になった。その他には、絹とミルクの土地としてもよく知られる。主な雇用は、農業、酪農、養蚕、花栽培、そしてＫＧＦの金鉱労働であったが、一九九〇年代から閉鎖されるシャフトが増加し、ＫＧＦの労働および経済状況は大きく変わった。

1　ＫＧＦの特徴とＮＧＯ

現在のＫＧＦ郡は、もともとバンガラペット郡の一部であり、ＫＧＦ市内と旧鉱山地区に散らばっている金鉱労働者の住む村々と採鉱後の砂山の地区からなる。したがってインドの伝統的な村落のようなパンチャヤートはない。ＫＧＦの人口は約二三万三千人（二〇一一〇年）で、鉱山地区には約二万五千世帯が暮らす。極貧または貧困世帯が多い。鉱山地区は、広さ一二平方キロメートル、採鉱は横二キロ、縦八キロの範囲で行われ、坑道は地底一万千フィートという世界で最も深い鉱山の一つだった。

コーラール鉱山の採掘は一八八〇年に大英帝国の会社により始まったが、労働者はすべて隣のタミール・ナードゥ州およびアンドラ・プラーデッシュ州からの移住労働者とその家族で、ほとんどが「不可触民」だった。宣教師によるキリスト教への改宗家族も多かった。当初の労働人口は二万二五〇〇人だった。鉱山は一九五六年に当時のマイソール州によって国営化され、一九六二年にインド政府が継承、そして、一九七二年からはインド政府の完全な公共部門であるＢＧＭＬ（Bharath Gold Mining Limited）に会社経営は移行した。一方、採掘量は減り続け、

金鉱の町 KGF のヤマ

一九九二年八月にＢＧＭＬは経営状態の悪い会社としての宣告を受けた。鉱山で働くことのできる人口は減少し、新規採用も停止になった。ＢＧＭＬは二〇〇一年一月に生産活動を停止したが、同時に鉱山労働者と家族のための福祉や医療サービスも停止した。現在も学校や病院の大きな建物だけが残っている。しかも、二〇〇三年の完全閉山までの賃金が正当に支払われず、閉山後の保障もない状態が続いている[35]。

　インドでは一般に「政府の会社」で働くことは成功の証のように考えられている。なぜ国営企業の労働者がこのように継子のような扱いを受けて、カルナータカ州からも国からも放置されることになったのか。この鉱山地区の貧しい女性のために働いてきた地元のＮＧＯであるＫＧＦＷＡ（ＫＧＦ Women's Association ＫＧＦ女性連合）は次のように説明する。

　①鉱山労働者とその家族がすべてダリットで、しかもほとんどがタミール人でタミール語を話すこと。②労働者はそれぞれの出身地に帰属意識を持ち続け、タミール・ナードゥ州の政党に所属しており、一八種類の労働組合があることからも、全体で団結できない。③多くの世帯が貧困と借金で、三世代つづく債務奴隷の状態にあり、強いことが言えない。④失業後、マイナーな未

熟練労働しかできない。⑤ＫＧＦに仕事がないために、他の市か町に働きに行くしかないが、日当の半分は交通費などで消える。⑥市や町もカンナダ語を話す土地の人間を雇う。また、ＫＧＦには教会とクリスチャンが多いことも一因だろう。とくに目立つのがペンテコステ系である。ＫＧＦではローマカトリック教会、南インド教会（ＣＳＩ）、ペンテコステ系の教会間で、また宗教間にも対立は見られないが、ＫＧＦの外に出れば、排他的なペンテコステ系は同様に排他的なヒンドゥー・ナショナリズムと対立する。カルナータカ州は中央政府およびグジャラート州と同じくヒンドゥー・ナショナリスト政党のインド人民党の政権である。

KGFWA の看板

ＫＧＦＷＡは一九六〇年にカルナータカ州に登録したダリットのキリスト教系ＮＧＯである。二五人のスタッフの内一五人がそれぞれの住む鉱山地区や村を担当するフィールドワーカーである。フィールドワーカーは資金が入るプロジェクトがない時は無給である。女性の啓発活動と古い金鉱住宅の改善、飲料水やトイレなどの保健衛生、若い女性の職業訓練に力を入れてきた。マイクロクレジットＳＨＧに関しては、ＫＧＦに一六〇、バンガラペット郡に二八、ムルバーガル郡に八五のグループをつくった。ヒンドゥーＳＣ、ダリット・クリスチャン、ムスリムが対象で、これらの混成グループも多い。

2　KGFのSHG活動と地域の変化

筆者が調査、面談したなかで、元鉱山地区から三カ所を選んで報告する。

マリクッパムには、KGFWAが対象にしている一七の村（金鉱住宅地）がある。その一つのR・D・ブロックには四つのグループがある。第四グループは一九八七年につくられたが、二〇〇〇年に鉱山の操業停止で解散、二〇〇七年に新しいメンバー一九人でSHGとして再結成された。毎週火曜日の二時半からミーティング、月一〇〇ルピーを貯金して、現在、各自の貯金は二五〇〇から二八〇〇ルピーである。銀行のローンは申請中だが、支配人が代わったので、まだもらえていないという。グループのアニメイターのランジャニ（四三才）はヒンドゥーで、二年前からKGFWAのフィールドワーカーをしている。大学で経済学を専攻したが、学位はとっていない。ヒンドゥーで障害者ではない独身は珍しいのだが、「良い相手がいなかったから」「この年齢ではもう結婚できない」という。兄の家族と一緒に暮らしており、兄に依存はしているが、いまはグループから低利で借りることもでき、グループからの利息もあるので、経済的には完全に依存しないでよくなった。外にも出られるようになった。義姉も他のSHGの会員である。

同じくグループ代表のニャーナはCSIのクリスチャンで五三才。九年卒である。一人娘が結婚し、三才の孫がいる。夫の病気（ガン）のために八千ルピーをグループから借りて、まだ二四〇〇ルピーの返済が残っている。薪を集めて売っている。元鉱夫の夫は酒を飲んで暴力をふるう。しかし、彼女の活動力のおかげで、他のグループにも働きかけて各家庭が二脚づつ椅子（プラスチック製）を持てるようになった。どんなことでも他人が困っている時に助けること、また、定期的に貯金する習慣をＳＨＧで学んだという。

マリクッパムのサイナッド・レーンには三つのグループがある。第一と第二は二〇〇七年にできた。両グループ共に銀行からローンをえて全メンバーでシェアし、数人が一緒に起業している。たとえば、第二グループの場合、二〇一〇年に信用金庫から七万五千ルピーを借りて、二〇一一年に一〇万ルピーを借りて、各自五千ルピーを借りて、返済を終えた後、二〇一一年に一〇万ルピーを借りて、各自五千ルピーをシェアした。利子は月一％だが、グループには二％を入れる。代表のマゲーシュワリ（三三才）など三人がグループ起業として太陽熱を蓄電する装置を設置し、太陽光ランターンを販売している。ワンセット三六〇〇ルピーで、収益は二〇〇ルピーである。停電が多いので、子どもが夜、勉強するためにも良く、また灯油ランプと違って煙がでないから健康にもよいので、積極的に販路を広げる予定だ。しかし、会員にとっても高いので、まだ五セットしか売れていなかった。他にも二二種類の穀物やナッツなどの粉をミックスした栄養粉をつくって販売している。

第三グループは二〇〇八年にできたが潰れて、二〇一〇年に再結成された。三グループ共に代表はクリスチャンである。メンバーにも多い。セイト・レーンにある二グループは、全員クリスチャンであり、ここも小さな店などのグループ起業をしている。会員たちに共通しているのは、高利で借金しなくて良くなったこと、外へ出かけられるようになったこと、仲間と一緒にビジネスできるようになったこと、下水や道路などの環境が良くなったことである。KGFWAの住宅ローンで炭鉱住宅を改築した家も多い。

SHGによってさらに大きく変化したのが、チャンピオンリーフのスーシパリャ地区とウールガウムのサンジェイ・ゴール・ナガールである。前者は密造酒造りと販売、金鉱の地下での違法な採掘、暴力事件などKGFでもっとも悪名高い町である。他所から入ることのできない危険な地区として恐れられていた。後者はKGFのスラムともいえる地区で、ここの住民も貧困と不潔さで嫌われていた。

二〇一一年三月にスーシパリャの表通りに面した一角で巨大なローマカトリック教会の献堂式が行われた。大理石のフロアにヒンドゥーやムスリムを含めて四千人の客が入った、南インドでも随一というモデル教会である。これが象徴するように、スーシパリャに最初に入ったのがカトリックの神父で、箱のようなシンプルなセメントの小屋を五〇軒建てた。少し遅れてKGFWAも入って、女性グループづくりをしながら住宅ローンを提供した。旧金鉱住宅は古くて雨漏りがし、内部は暗くて、ぼろぼろの状態だった。現在、この地区の住民は全員が改宗クリスチャンである。ただ、古いヒンドゥー寺も残っており、誰かが密かに祀っているようで、筆者が訪れた時も礼拝のろうそくが灯されていた。

KGFWAが一九九五年に最初につくったのがスーシパリャ女性グループである。二〇人の会員で毎週のミーティングをし、貯金をするだけではなく、カトリックの司祭と協力して、意識変革のプログラムを実行した。グループ数も増やしてきた。当時は教育を受けた住民はいなかったが、密造酒つくりを止め、下水溝を掘るなど環境の改善につとめてきた。台所用品や浄水用のボルトなどを購入して、水の状態も良くなった。地区のなかに肉切り、料理して食べ物を売る店などがグループ女性の起業で生まれた。酒を密造する家も半分ほどに減ってきた。子どもたちを外の学校へ入れることも可能になり、教育レベルもあがってきた。以前は、この地区の子どもは酒を飲んで暴れることで悪名高かったのである。カトリック教会がつくっているSHGのようなキリスト教グループはキリスト教子ども基金から無利子でローンを借りることができる。

ところがこの最初のKGFWAの女性グループは二〇〇八年に債務不履行で解散した。理由は、前述したようなSHGを利用しながら会員に安易に金を貸す業者であるマイクロファイナンス機関（MFI）のアンドラ・サンガが入ってきたからである。例えば、各人が即金で一万ルピーをもらい、毎週、集金に来る男に二三〇ルピーづつ、五〇週間で返却していく。返済が月単位や最近は週単位のものもあるが、いずれにせよ年に一五％から一〇％の利子である。返済できるかぎり問題はないが、返済できないと、会員や他から高利で借りたり、宝石を売って工面し、それもできなくなってグループから外されたり、自殺に追い込まれることもある。これでは本来のSHGとは目的が異なる。

スーシパリャには一九九五年からKGFWAの二〇のSHGができたが、現在は八グループに減った。政府系のＳＨＧを含めても一二グループであり、会員数も全部で一二〇人程度だという。しかし、ＫＧＦＷＡのフィールドワーカーで、この地区の昼間から飲んだくれの男たちと長年闘ってきて、一目置かれているニルマラは、ＳＨＧの減少にはこだわっていない。「貯金の仕方も知らず、金があれば全部食べてしまっていた人たちに、私たちは家計を維持することや衛生についての意識を与えてきた。たとえアンドラ・サンガでも、お金を貯めて、そのお金をうまく使って返していく。払えなくて問題がおきた時に、またＳＨＧに戻ってきている」という。

一方、サンジェイ・ゴール・ナガールはスーシパリャとは性格が異なる。タミール・ナードゥ州などからの移民が掘っ立て小屋を建てて住み始めた場所である。宗教的にもヒンドゥー、ムスリム、クリスチャンと多様で、言葉もタミール語、カンナダ語、テルグー語、ムスリムが使うウルドゥ語が飛び交う。住民の数は一六〇〇人ほどで、ここにＫＧＦＷＡが二〇〇六年からつくった四つのグループがある。会員は各二〇名である。政府がつくったグループはない。住民の仕事は、ポーター、野菜売り、髪の抜け毛売り、祭り用の風船売り、ナイロンやプラスチックの廃品回収、家事奉公人などで、非常に貧しく、男も女も子どもも働いている。多くの金貸しが入り込んでいる。彼らから朝一〇〇ルピーを借りて、夕方一一〇ルピーを返す。毎日、その日の商売の元手などを借金で賄っているのだが、日に一〇％という高利である。仕事から帰っても身体を洗わず、髪も梳かさず、服も洗わなかったので、ここの住民は臭くて汚いということで、同じ移住者でダリットでも、鉱山地区の人間との間にも壁があった。結婚など考えられなかったという。

ところが、女性グループの活動によって、ＫＧＦＷＡの住宅ローンで家を建て、掃除をし、服を洗い、髪もきちんと梳かし始めてから変わった。子どもたちも外の学校へ通い、今では大学生の女の子もいる。読み書きができない母親に子どもたちが字を教える。外の住民との婚姻も珍しくなくなった。仕事は変わらなくても、悪評高いスラムではなくなったのである。毎週のミーティングでアニメイターはＡ四の紙に三枚ほど、会員の話し合いの丁寧な記録をとる。それをＫＧＦＷＡの担当スタッフが集めて、助言したり、次回のトレーニングの材料にしてきた。ただし、経済的に相変わらず貧しく、困難ということではサンジェイ・ゴール・ナガールもスーシパリヤと同様である。

旧鉱山労働者の居住区でミーティング

3　課題

金鉱地区の女性グループを訪ねて気になったのは、確かにSHG活動している女性たちは元気で、その恩恵を村全体が受けているが、グループに参加していない女性たちはどうしているのか、ということである。中流階層が多いKGF市内と新興住宅地はともかく、金鉱地区に残るほとんどの住民は元鉱夫か鉱山にかかわる仕事で生計を立ててきた家族である。

SHGに参加できない女性たちが多くいる。例えば、貧しすぎて月一〇〇ルピー(約二〇〇円)の貯金ができない、安いローンは借りたいが返済できない女性たちである。そのような女性たちはグループを作れないから、アンドラ・サンガのような金融機関も金を貸さない。子どもを抱えた寡婦に多い。男たちは飲酒などの不摂生で早死にするから、寡婦が多いのである。近年はダリットでも上層カーストを真似るようになり、寡婦の再婚がむつかしくなった。また、寡婦もそうだが、家事奉公人として町の家を幾つか掛け持ちしながら掃除や洗濯をして働いている女性たちが多い。彼女たちがSHGの昼間の定例ミーティングに出るのはむつかしい。農村であれば、昼間は誰もが日雇い労働で忙しいから、夜のミーティングも多いのだが、KGFの場合はほとんどが主婦グループである。SHGの基本は同じ村の貧困女性たちの助け合いによるエンパワーメントと経済的自立である。金を借りることだけが目的のグループ活動になれば、仲間を助けるための知恵や連帯が失われ、ついてくることができない貧乏人を排除することにならないだろか。

また、KGF固有の問題は、先に述べたように金鉱が閉山になって仕事がないことである。元鉱夫たちには失業保険もなく、年金も皆無または僅か三〇〇ルピーである。大都市バンガロールに通う人たちで列車は超満員である。安い普通列車だと二時間はかかり、それに金鉱地区からKGF駅まで、さらにバンガロール駅から仕事場までは渋滞で時間がかかる。夫や息子が毎朝四時に家を出て、夜の九時頃に帰宅するという女性も多い。子どもの教育に熱心になった母親とローンのおかげで、大学や専門学校を卒業した娘たちも多い。しかし、地元に仕事がなく、超満員の列車で通勤するしかないが、それは単に身体的に大変なだけではない。「良い結婚」の支障にもなる。

農村ではカーストの男たちによるダリットの少女へのレイプがおきる。しかし、KGFのような鉱山労働者の町の若者はどうなのか。KGFWAのワーカーたちの集まりでも、「今時の若者は・・・」という批判を聞いた。批判の第一は服装や化粧と男女関係についてである。インドではバンガロールやムンバイのような国際都市は例外的で、時代による変化はあるものの慣習的な服装規定にほとんどの人たちが従っている。女性にとっては身の安全のためでもある。また、婚約者ではない未婚の男女がカップルで行動することへの世間の目は厳しい。目立たないこともあって例外的なのは学校のキャンパス内や混んだ車内である。一方、映画王国のインドでは、映画は大衆の最大の娯楽であり、そこで演じられる恋愛と女優たちの服装の影響力は非常に大きい。とくに恋愛は町の若者たちの間でファッション（憧れ）である。現実のカースト社会とのギャップのために、多くの悲劇的事件も起きている。前述してきたように、KGFではカースト

KGFに新しくできた縫製工場で働く女性たち

間、宗教間の軋轢はほとんどないものの、仕事を求める若者のフラストレーションが大きい。

ＫＧＦとバンガロール間の列車内は指定席の車両でも自由席から溢れた通勤客で満員の状態で、痴漢も多い。また、表面化するのは氷山の一角であるが、駅を出て家路につく間のブッシュに引きずり込まれてのレイプ、殺人事件も多い。そこで、親は娘がバンガロールに通うことを許さない。結婚の見合い話が出ても、「バンガロールに通っているような娘は、男がいるか、中絶の経験があるかもしれない」ということになって、話がまとまらないという。娘たちも無邪気に男友達と同伴してレイプされ、妊娠する。学校では性教育が行われておらず、親も性については話さない。妊娠してはじめて事の深刻さに気づいても親に相談ができない。相手に訴え、相手の親にも訴えるが、「そんな娘の子はうちの息子の子とはかぎらない」と言って、拒絶されるのが大半であるという。相手も親に逆らえない。結局はぎりぎりの段階で母親が娘を中絶させるために病院に連れていくのだが、周囲に発覚して、その姉妹も結婚できなくなったというケースも珍しくない。

ダリットにかぎらず貧しい階層の既婚女性のほとんどが政府の家族計画手術を受けているために、避妊についての知識がない。不妊手術をしていればレイプされても妊娠の怖れだけはないが、未婚の娘たちはそうでない。たんにモラルの問題ではなく、性的な人権の問題として、この現実と女性NGOはもっと真剣にむきあうべき時である。筆者はKGFWAのワーカーの集まりでもこの点を強調した。

4 「若者たちの願い」(個人面談のケース⑤)

KGFWAは、貧困ライン以下（BPL）の家庭で、学校教育一〇年卒の資格をもった子どもたちを対象に職業訓練教育をしている。一人親の家庭を優先している。コンピューター、英会話、基礎商業知識、自己啓発などの内容で、三ヶ月コースと六ヶ月コースがあり、全部で七〇人が学んでいる。各自が曜日と時間を決めて学べるので、働きながら通っている若者もいる。卒業すれば、この学校の推薦で、バンガロールのスーパーマーケットやショッピングモール、会社などに就職できる。どの女の子もおしゃれで明るく、希望に溢れている。鉱山地区の家庭で会うときの雰囲気とはまるで異なっている。

モニカは一六才で、弟と妹がいる。SCの特典のためにヒンドゥーとして登録している。実際はローマカトリックの熱心な信徒で洗礼も受けている。父親はバンガロールで日雇い労働をしていたが、一二年前に四一才で自殺。母親は無職で、ヒンドゥーSC用の年金を月四〇〇ルピー得ているのみである。インド陸軍の兵士である母の兄の援助で暮らしている。センター内では男子学生とも友達になれるが、外では絶対に男女は別れていないといけないという。

アンジェリは一九才。ローマカトリックだが、ヒンドゥーSCとして登録。姉が一人おり、結婚して子どもが二人いる。母親は彼女が二才の時にガンで死亡。父親はバンガロールで警備員の仕事をしているので、祖母との二人暮らし。彼女は一〇年卒後、教員養成学校に一年通った。この資格を得て、コンピューターの先生になる予定である。

ランジニは二〇才。一二年卒のヒンドゥーSC。父親は昨年（二〇一一年）六月に心臓発作で死亡。母親は五九才で、学校教育がなく、無職。政府の鉱山会社（BEML）の年金は四〇〇ルピーで、補償金の一五万ルピーは労組が交渉中である。四人の姉は全員結婚している。母が同居している叔父（二一才）を養子にしたので、法律上はランジニの兄になった。良い仕事が欲しいが、もし見合いの良い相手があれば結婚を優先するという。

ディーパは二一才で、ヒンドゥーSC。彼女も父親が一八年前、四五才で心臓発作で死亡、鉱山の日雇い労働者だった。兄が二人と姉が一人いる。母親は五五才で、学校教育なし、病気がちで無職。散髪屋の兄が一家を養っている。良い見合い相手があれば結婚したいが、IT分野の仕事があれば、仕事を選びたいという。

カリヤーニは二〇才。一二年卒のヒンドゥーのBC（後進階層）でダリットではない。二二才の兄が一人おり電気屋。父親は大工だったが、一〇年前に五五才で死亡。いつも酒に酔って母に暴力をふるっていた。父が死んでほっとした。母親は父親と同じく無学で、現在、四〇才。日雇い人夫をしているが、重労働のために時々心臓発作を起こすので心配。兄が家計を援助している。今は結婚したくない。バンガロールで楽な良い仕事につければ、三年後に結婚する。ダウリー（持参金）には絶対に反対で、出さないという。

五人について簡単に報告したが、共通しているのは、ボーイフレンドがいるかどうか聞いた時の反応である。大仰に「ノー」と否定する。誰もが「良い見合い相手」を望んでいる。しかし、「自分のことではないが」と断って、知り合いの悲劇的な話をしてくれた。日本の「できちゃった婚」について話すと、信じられない、という表情で驚くものの、親たちの反応とは明らかに異なる。また、結婚して子どもは何人欲しいかという問いに、恥ずかしそうに笑いながらだが、全員がはっきりと、一人だけ、と答えた。政府のワン・チャイルド・ポリシーに沿っている。

職業訓練を終えた後の就職先はバンガロール、または他の都市であって、KGFから長距離通勤しなければならない。大変な苦労と危険覚悟である。しかし、「結婚に差し支えるから」と嫌がる学生はいなかった。それを承知で学んでいるのだから当然だろう。しかし、彼女たちの母親でSHGの会員はいなかったから、同じく貧困でも、さらに大変な家庭環境から通ってきているのである。

（二）　コーラール県の農村地帯

1　SHG活動と地域の変化（ムルバーガル郡）

KGFではタミール語が話されるが、他は当然ながら州の言語であるカンナダ語が使われる。また、先に述べたように、コーラール県はアンドラ・プラーデッシュ州とも接しているので、県境の村々ではテルグー語が使われる。住民は買い物も、ヒンドゥーの寺院参りもアンドラ・プラーデッシュ州のほうへ出かける。婚姻関係によりテルグー人も多い。また、かつて遠い他州から先祖が移住してきて住み着いた共同体やムスリムの村など、言語も民族も多様な共同体が、州境の村の特徴でもある。コーラール県ムルバーガル郡はこのような典型の土地である。

筆者が訪ねたニータギナガール村はスンニ派のムスリムの多い村、エラッチャパリ村はマハラシュトラ州の公用語のマラティ語を話す人たちの村、そして、まさに州境に位置するアッベナハリ村はテルグー語を話すヒンドゥーとムスリムが混住する村である。この辺りはコーラール県のシルク産業の中心地で、養蚕、生糸、真綿の製造が盛んである。

ニータギナガール村には二つのSHGがある。両方共、KGFWAによって二〇〇六年に作られたムスリム女性のグループである。毎週二〇ルピーづつ貯金し、第一グループの貯金額は一〇万ルピー。銀行ローンは、二〇〇七年に一五人で一五万ルピー、二〇〇九年に三七万ルピー、二〇一一年には一三人で四〇万ルピーである。両グループ共、メンバーはこの辺りのムスリムの家業である真綿つくりに関わっている女性が多い。学校教育はほとんど受けておらず、受けていてもウルドゥ語の学校で四年生か七年生まで、低年齢で結婚し、既婚者は一人では家から外へ出ることの少ないのが一般にムスリムの女性である。ところが、この村ではムスリムの女性たちは非常に活発である。ベールもつけていない女性が多い。シルクに関わっていない女性たちも、SHGのローンを使って全会員が何かの起業をしている。プラスチックの入れ物や食器つくり、ビーディー（手製の葉巻タバコ）つくり、線香づくり、オート力車、薪売り、小間物屋、花屋などである。

この村にはKGFWAのダリット対象の住宅ローンで家を建てた家族も多く、返済はスムーズに行われた。ただ、もともと村にはトイレがなく、野外で用を足すのが習慣なので、会員の間でも、古い家に住む女性たちは隣人のトイレを借りることはできない。雨期の生理中はとくに困難だが、穢れの意識はムスリムでもヒンドゥーと同様である。ふだんも女性はモスクでの礼拝は禁じられているが、生理中は家庭での礼拝も聖典のクラーン朗読も行わない。SHG活動によって女性の経済的自立は比較的に成功し、宗教間の協力関係もできた村のケースではあるが、性のカーストに関わる文化的な意識の改革はまだまだのようである。

エラッチャパリ村は「その他の後進諸階層」としての保護を受けているヒンドゥーのクシャトリア階層の村である。現在もマハラシュトラ州に住む親族と花嫁、花婿の相互交換によって同カースト（ジャーティ）内の婚姻関係を続けているマラティ語の共同体である。筆者がここを訪ねた日も、一九才の花嫁が新品のシルクのサリー、首には何本ものゴールのネックレスとゴールドのイヤリング、両腕一杯のガラスの腕輪、黒ヒモで首にかけたターリという新婦の格好で義母に連れられてグループのミーティングに参加した。義母は彼女にとって叔母であり、やがて自分もSHGに加わる。この村のグループは最初が二〇〇四年にでき、現在、五つのグループがある。女性たちの学校教育は近在のムスリムの女性たちと同様で非常に低く、結婚年齢も低いが、もともと女性上位の共同体ということであり、経済的にも豊かで、ミーティングの賑やかさは半端ではない。

最初にできたグループは会員が二〇人で、毎週二〇ルピーの貯金を続けており、現在のグループの貯金額は一一万五千ルピー。銀行ローンを二〇〇五年から毎年続けて、総額は一九五万ルピーになる。月一％の利子で、補助金は一二万五千ルピー。この村は乳牛を飼育し、毎日ミルクを出荷しているので、ローンの使い道は、一七人が乳牛の購入、二人が農業、一人が小間物屋の資金である。高位カーストの移住民であるが、親族共同体の性格がつよい酪農村なので、女性たちも夫と対等に働いている。高利貸しに頼る必要がなくなったこと、村内で飲み水が得られるようになったこと、幼児の栄養給食センターができたこと、他の村との交流が増えたことなどを、SHGのおかげだという。ただし、生理中は家族とは別の一室で暮らし、戸外での仕事はいいが、食事の支度や礼拝はできない。運んでもらう食事も別皿である。

州境のアッベナハリ村は、KGF市から三〇キロほどである。ここにも二〇〇四年以来、KG

ＦＷＡによって五つのグループがつくられたが、現在は二グループのみが活動を継続している。他は編成中だという。この辺りは州にまたがって一面のマンゴー畑である。四月から六月の収穫期には日雇い労働のために、会員の多くがグループの週毎のミーティングに参加できなくなる。グループが続かない原因だという。また、畜産や養蚕と真綿などシルク産業の従事者も多いために、継続中のグループはヒンドゥーとムスリムが混ざっており、テルグー語が主な言語である。アンドラ・プラーデッシュ州から嫁いでいる女性が多い。

その一人のニガネーマは二五才で、ヒンドゥーのＢＣ（後進階層）。学校は二年、一一才の息子と五才の娘の母である。娘を産んだ後に政府の家族計画手術を受けている。夫は三八才の養蚕家で年収は一五万ルピー。他に三エーカーの土地がある。政府が一帯の農村に自営手段として畜産を奨励しているので、ＳＨＧのローンは畜産に使った。彼女のグループの一五人中の一〇人が、ローンで畜産を始めている。グループのローン額は二〇〇五年からの総額一〇三万五千ルピー、利子は七万六千ルピーで、返済済みである。ニガネーマの場合はダリットではなく、また経済的にも貧困層とはいえない。家にはメイドがいるので、家事をする必要がない。とくに生理中は外での仕事はともかく、料理は一切しない。別火、別皿、別室である。

この村の場合、三グループが継続できなくなったのは、たんに会員がミーティングに参加できないからというよりも、グループの記録係でもあるべきリーダーの不在が原因であろう。ＫＧＦＷＡの担当ワーカーに記録を依存するために、ワーカーが出席できないと、ローン管理を含めてグループが維持できなくなるのである。後述するように、辺鄙で貧しい農村のダリットのグループは自立ができていないと、母体のNGOあるいは政府の担当役人との関係にグループの成否を左右されることが多い。

2　SHG活動と地域の変化（バンガラペット郡）

バンガラペット郡の農村にセンターがあるSUNANDA（「喜ばしい」の意味）は、カトリックのシスター・セレスチンが一九七〇年代初めに教会を出て、資金を募りながら独自に運営してきたエキュメニカルなNGOである。農村のダリットの女性と子どもたちの教育のために活動し、センターでは他宗教にも開かれた礼拝を行ってきた[36]。また、SUNANDAはコーラール県で唯一の家族カウンセリングセンターをKGF市に持っており、現在はインド政府のプロジェクトと連携して、カウンセラーが常駐している。

SUNANDA周辺には九つのパンチャヤートと一〇〇の村がある。二〇一一年三月時点で、SUNAN

SUNANDA創立者のシスター・セレスティンと

ＤＡがこの地域で継続して支援しているＳＨＧは一三のダリット女性グループである。地元の村出身の三人のフィールドワーカーが担当している。二〇〇六年以降、政府がＳＨＧを直接管理するようになっても、ＳＵＮＡＮＤＡは自分が作ったグループのケアをしてきた。しかし、ヒンドゥー・ナショナリズムがらみの殺人事件が起きるなど、ワーカーやシスターが危険で村に入れない状態がしばらく続いた。また、政府がつくるＳＨＧは、はじめに五千ルピーの回転資金がもらえるために、ＳＵＮＡＮＤＡのＳＨＧは増えなくなった。マイクロファイナンス機関（ＭＦＩ）のアンドラ・サンガが入ってきてからは、ＳＨＧの決まり事を守らなくても簡単にローンが借りられるようになったので、グループの結束が崩れた。ＳＵＮＡＮＤＡがつくってきたＳＨＧの多くが潰れ、この地域のダリット女性ＳＨＧ連盟も機能しなくなった。

このような状態のなかでＳＵＮＡＮＤＡのワーカーは、残っている一三のグループの毎週のミーティングに参加し、同じ村の政府系のグループのミーティングにも参加して相談にのっている。かつてはＳＵＮＡＮＤＡのグループに属していたが、グループが解体したので、政府系のＳＨＧに入った女性も多いからだ。また、ＭＦＩのローンであっても、うまく活用して牛や羊を飼って豊かになった女性たちもいるので、ＳＵＮＡＮＤＡはダリットの子どもたちの教育に力を入れている。ワーカー自身が、ＳＵＮＡＮＤＡのセンターでの夕方からの各学年対象の無料塾で学んで、大学を卒業している。センターや村でのこのような無料塾で教えているのは、ＳＵＮＡＮＤＡの塾で学んだ大学生たちである。

ゴラハリ村議会（パンチャヤート）は一四の村からなり、議員は一七人、五年任期である。その中で、会長を含めて女性議員は七人である。壁に議員名が刻印されているが、女性は名前のみで、会長はじめ、すべて夫が代理出席するという。筆者が訪ねた時も、委員会中の議員は全員男性だった。ゴラハリ村のダリット居住区（コロニー）に二つのＳＨＧがある。ＳＵＮＡＮＤＡが一つ、政府系が一つである。居住区の人口は約一五〇人で、居住区の既婚のダリット女性は、なんらかの事情で参加できない以外は、ほぼ全員がＳＨＧの会員である。このコロニーはＳＵＮＡＮＤＡのセンターに近いために、子どもの教育などで恩恵を受けてきた。ＳＵＮＡＮＤＡの援助で一〇年、一二年卒の女子も出ている。

サヴィタ・アンベードカル女性グループは、一九九五年にＳＵＮＡＮＤＡによってつくられた。会員は二〇人で、誰か引退者がいると新しい人が入れる。古いグループなので、文字（カンナダ語）の読み書きができない女性が多い。仕事は農業の日雇いである。九時から夕方の六時まで働いて、昼食なしで六〇～一〇〇ルピー（一〇〇～二〇〇円）である。しかし、夏や雨期には仕事がない。今年は中央政府の農村雇用保障法による仕事で、乾期にも一日一二五ルピーの収入があるが、来年はわからない。毎週土曜日に一時間のミーティングを続けており、貯金額は各自五～二〇ルピーまでである。グループの貯金高は五万ルピー、銀行ローンはこれまでの合計が四万ルピーで補助金なし。

アンドラ・サンガが入っており、一万ルピーを借りると毎週二二五ルピーづつ返済しなければならない。五人組の連帯責任なので、メンバー間の喧嘩にならないように他から高利で借りてでも返済する。しかし、ＭＦＩでもグループで助け合って収入になっているので、コロニーの女性のエンパワーに役だっているという。ダリット女性が変わったことで、ここ一〇年間、少なく共、村のＳＨＧとの間では昔のような不可触のタブーは減った。水も互いに飲む。食事もダリットが料理したものでなければ全員が一緒に食べられるという。自分たちのユニフォームを持っているのは、ＳＵＮＡＮＤＡではゴラハリ村とコロニーの二グループのみである。それでも夫の飲酒と暴力に苦しんでいる女性たちが何人もいる。

レヌカンバ・スリ・シャクティ・サンガは、二〇〇二年にできた政府系ＳＨＧである。四万ルピーのグループ・ローンで会員二〇人が各一頭の羊を購入した。この返済が完了すると、補助金が得られるという。現在、会員は一八人に減った。グループの貯金は二万二千ルピーで、緊急時にグループ内で借りることができる。このグループはあまり活発ではなく、五人組でアンドラ・サンガを利用している会員もいる。夫の飲酒と暴力もある。生理中はプージャ（礼拝）ができないという理由として、悪いことが起きると年寄りに叱られる、神々に罰されるから、というのはカースト村のヒンドゥー女性と同じである。

ティマサンドラ村のダリット居住区に以前はＳＵＮＡＮＤＡのＳＨＧがあったが、現在は政府のグループが五つある。グループが新しいので政府のローンよりも、ＭＦＩを利用することで、ゴラハリ村よりも経済的には豊かになっている。しかし、ローンの使い方などを決定するのは夫であり、経済的にも夫に依存している。例えば、ヴィナーヤカ女性グループは一三人で一年ほど前にスタートした。トレーニングはまったく受けていない。月毎のミーティングで一〇〇ルピーを貯金し、グループの貯金額は一万ルピーになった。緊急時にはグループから借りられるので安心だという。

一方、MFIで一万八千ルピーを借りて、乳牛を一頭購入すると、毎月一五〇〇ルピーを一六ヶ月間で返済する。毎日六リッターのミルクをリッター一五ルピーで八ヶ月間、あるいは子牛が生まれて、五リッターのミルクを一日二回売れる、という女性もいる。一万ルピーを借りて、羊を五頭購入して、子羊も生まれたという女性もいる。いずれにせよ、女性たちは家畜の世話と乳搾りで非常に忙しくなったが、ミルクが売れるかぎり、ローンは返済でき、収益もある。

夕方、ティマサンドラ村を訪ねると、放牧から帰ってくる羊や、コロニーに狭しといる牛たち、表で食事の支度をする女性たちや、食事をして、これから塾に向かう子どもたちで活気に溢れている。女性たちが何よりも喜んでいるのは、子どもたちの未来に希望が持てることだという。SUNANDAのワーカーは新たなグループをつくるよりも、SHGのトレーニングを受けていない女性たちの相談に乗っている。しかし、ローン返済のために忙しく働くことではなく、女性たちがゆっくりと座って、互いの話を聞き合う時間こそ、SHGの出発ではなかっただろうか。

3　NGOが抱える困難と課題

ＳＵＮＡＮＤＡの場合の課題は、創立者でもあり運営を担ってきたシスターが望むような後継者が育たなかったことである。質素な暮らしの二人のシスターが地元のワーカーや支援者と共に担ってきた仕事は、宗教を問わず、村のダリット女性と子どもたちをエンパワーすることだった。しかし、自分たちの開けっ放しの広大な敷地と建物はあっても、村に入って行くことは誰にでもできることではない。また、村からダリットの女性たちが遠路を厭わずに訪ねて来るセンターにするためには、そこに信頼し相談できる人がいなければならない。ＮＧＯは資金がなければ存続できないが、資金だけでは運動はできない。カトリック教会の直接の傘下に入ると、ＳＵＮＡＮＤＡの理念を実行することが困難になるとして、シスター・セレスチンは信徒の後継者を望んでいたが叶わなかったようである。

一方、先に述べたＫＧＦＷＡの場合は、ＫＧＦという旧鉱山地区に住む女性たちのグループづくりにおいては地元の女性ワーカーたちの連携に助けられて、非常に良い仕事をしてきた。国外からの資金を得た住宅ローンも、鉱山地区ではＳＨＧづくりと連携できた。ところが、農村部での住宅ローンは資金が回収できず、家も契約どおりに建たないという悪循環で、ＫＧＦＷＡの存続にかかわる大赤字と失敗になっている。管理と運営がうまくいかなったようであるが、赤字で経費が出なくなるとワーカーの足が遠のくために、ワーカーに頼っていたＳＨＧも存続できなくなる。優しさだけでは貧困層の問題は解決できないことをＫＧＦＷＡのケースは示している。

例えば、チナハンドラリ村のケースがある。この村にはＫＧＦＷＡの男性スタッフがおり、一九八六年に最初の女性グループがつくられた。ヒンドゥーＳＣのグループで、スタッフが事実上の代表となり、ダリットの啓発活動に熱心に取り組んだ。やがて第二グループが同様にダリット居住区にできた。毎週、歌やダンスの入った楽しいミーティングと貯金によって、会員はグループからお金も借り入れできるようになり、楽になった。村にＫＧＦＷＡの住宅ローンを利用する家族が増えた。二〇〇四年にはカースト村の「後進諸階層」の女性たちとヒンドゥーＳＣの混成グループもできた。ところが、すでに家が建ってもローン返済は進まない、逆に契約金を払ったにもかかわらず建築が始まらない、という状態が起き始めた。スタッフはマネジメントよりも啓発運動に熱心で、周辺の村々を回っており、自分の村でさえも住宅ローンの返済を督促しなかったのである。「他の人が払わないのなら」と二〇〇五年に返済は滞り、二〇〇九年にこのスタッフが病気を苦に自殺すると、「誰も集金に来ないから」と今度は完全にストップしてしまっていた。一方、僅かな額であっても手付け金を返してもらえない家族は、ＫＧＦＷＡにもローンを返済しない家族に対しても腹をたてたから、グループは内部分裂状態になった。とくに第二グループは崩壊した。

現在もグループ活動がうまく継続しているのは、この村でただ一人のブラーミン（バラモン）女性が代表をしているカースト村との混成グループである。彼女は夫が政府の学校の教員としてこの村に転勤してきて、退職後も夫婦で住み続けているので、村の地主階層ではない。夫も進歩的なブラーミンであり、夫婦はSHGの銀行ローンを利用して家の隣に精粉所をつくった。村人が賃料を払って利用している。彼女は一〇年卒で、グループの記録も正確にとり、何よりも牧畜カーストなど他のカースト民をうまく押さえながら、ダリット会員とも協力させている。ただし、彼女の家にはダリットは入れないし、彼女もブラーミンとしての「文化的な慣習」を守っている。

一方、最初にできたグループは、スタッフの死後、妻（三五才）が代表になったが、これまでは夫がすべて行ってきたので、記録のとり方やローンの申請の方法もわからない。運動家として飛び回る夫に代わって、家計はすべて彼女が日雇い労働をしながら賄ってきた。夫が突然に自死したショックとエイズの噂、二人の子どもの教育への心配、生活苦などで、グループの運営どころではない状態が続いていた。

KGFWAは農村部での住宅ローンの焦げ付きで大変な借財を背負ってしまった。すばらしい女性ワーカーたちの連合体であるKGFWAは、自家用車もないほど貧しいが、よい働きをしてきた。しかし、NGOのワーカーがつねには関わることができない農村部においては、グループが連帯して自立できることが成功の要件である。そのためには意識の啓発活動とあわせて具体的な起業のためのグループトレーニングも欠かせない。チナハンドラリ村のケースはそれを示している。

（三）　コーラール県バンガラペット市

1　ダリット居住区のＳＨＧ

バンガラペットはカルナータカ州の州都であるバンガロールとタミール・ナードゥ州の州都のチェンナイを結ぶインド国鉄のジャンクションで、ここからＫＧＦ線が別れる。ムスリム商人の多い古い町である。ＫＧＦ市が閉山後にさびれているのに対して、バンガラペット市は膨張し、ＫＧＦにつづく街道沿いも輸出衣料の工場や学校、住宅などの開発ラッシュである。

バンガラペット市街の外れのＫＧＦ街道に面して、タミール人のダリットの居住地のインドラナガールがある。住民は約七〇〇人で、近くの製糖（ジャグリ）工場を中心に工場での日雇いや荷運び、日雇い農業、大工、レンガ工、オート力車の運転手などが主な仕事である。ここに最初にＳＨＧができたのは二〇〇三年で、スリ・シャクティ・ジーヴァナ・ジョティグループは、現在も会員二〇名で継続している。スリ・シャクティ（聖シャクティの意味）がつくのは政府系のグループで、黄色の制服のサリーを着る。しかし、二〇〇八年に同様のグループが三つできたのだが、二年ほどで活動を停止している。何が異なっているのか。

ジーヴァナ・ジョティは会員の平均年齢は四二才で、教育はまったく受けていないか、四年までが多い。但し、代表のマラールは一〇年卒で、二〇〇三年に当初の代表と一緒にＫＧＦに行き、ＳＨＧの指導を受けてからグループをつくった。その後、グループのトレーニングは一切受けていない。他のグループも内容的にはこれと同様である。経済目的のグループだから、毎週ミーティングをし、二〇ルピーを貯金する。現在のジーヴァナ・ジョティの貯金高は各人が七七六〇ルピー、グループ全体で一五万五二〇〇ルピーである。銀行ローンは二〇万ルピーと四〇万ルピー（一五万ルピーの補助金）で、グループとしての起業はせず分配し、マラール個人は小さな店の資金と二回目は乳牛の購入にあてた。このグループが継続できているのは、毎週のミーティングと貯金が楽しく続いていること、代表がしっかり記録し、これを管理していることに尽きるだろう。

「雀の宿」の日曜礼拝

他の三つのグループは、年数が短かかったので、グループ口座から必要な会員が金を借りることだけをしてきた。ところが、グループ・ミーティング以外の場所で、代表と有力な会員が金の出し入れをしてしまうと、代表への不信感が募り、グループの公平感もなくなる。諍いからミーティングに出ない会員が増えると、貯金も滞り、遂にグループ口座がそのままの状態で活動が停止する。しかし、政府の担当役人も銀行も、口座があるかぎりグループは続いていると見なしている。このようなグループを利用してアンドラ・サンガも入っており、集金人はひどい言葉で脅しながら、借金させても毎週の金集めをしている。

筆者はこれらのグループと会い、会員から問題点を聞き出し、全員の前でグループの通帳を吟味して、活動を再開できるように助言した。この村の外れにあるキリスト教のアシュラム「雀の宿」(Sparrows Nest) に筆者はよく滞在するので、この村の女性や子どもたちと親しいからである。本来ならば、これは政府の担当役人の仕事である。誰もが再開を望んでいたのだが、ねじれを修復できる人間がいなかったのである。

インドラナガールの問題は、男たちの酒と暴力である。タミール・ナードゥ州の農村のダリット居住区も同様だが、さらに手近に酒の販売店があるために、日銭で毎晩のように酒を飲んで妻に暴力をふるう夫、酒のせいで早死にする夫、突然に失踪してしまう夫が多い。マラールは「うちのグループは良い夫ばかりだから続いた」と説明したが、実際に全員に面談してみると、事情はまるで異なる。グループが続いたのは、たとえミーティングで話を聞いてもらえなくても、その時間が息抜きになっていたからである。もし、四つのグループがエンパワーメントの機能をしていれば、インドラナガールは女性たちの水汲みの事情ひとつをとっても、もっと変わっただろう。所属するパンチャヤートにも女性議員はいないという。

2　セックスワーカーの自助グループ

バンガラペット市にコーラール支部があるＭＹＲＡＤＡ (Mysore Resettlement, Agriculture, and Development Agency）は、コーラール県のセックスワーカーの自助グループづくりをしている。県全体で確認されているセックスワーカーは約一四〇〇人で、現在、七〇余りのグループがある。ＳＨＧと仕組みは同じで、セックスワーカーだけのグループなのだが、ＳＨＧは同じ村内に居住することが会員の条件であるが、居住範囲はもう少し広い。セックスワーカーという用語はつかわずに、カンナダ語でＳＳＳ（英語で、Health and Prosperity Organization 健康と繁栄の組織の意味）という。インドではセックスワークは非合法だが、現実には非常に多い。そこで政府は、ＨＩＶ／ＡＩＤＳ予防プログラムとして資金をＮＧＯに提供している。ＭＹＲＡＤＡはこの資金を得て、セックスワーカーのＨＩＶ検査を六ヶ月毎に行う目的で、コーラール県内のセックスワーカーの自助グループＳＳＳを組織してきた。ＳＳＳ用に政府が設けた集会場所が各市や大きな町にあるので、ＭＹＲＡＤＡはそこを事務所として使っている。ＭＹＲＡＤＡのＨＩＶ検査では三四人が陽性だったという。しかし、彼女たちが仕事をやめたというわけではない。

コーラール市内のＳＳＳ用の集会所で、五つのグループの四八人に集まってもらって面談した。商店街の建物の二階で、外部からは開発ＮＧＯの事務所という感じである。つねに多くの女性たちが出入りするが、外見ではもちろんセックスワーカーとはまったく分からない。チャドルを着て、全身が黒ずくめのムスリム女性も多い。また、サリーはインドの既婚女性の服装である。

筆者がＳＨＧ用に使っている質問用紙に沿って質問すると、名前、出身地、家族のバックグラウンド（カースト、宗教）、夫の名前、結婚年齢、子どもの数と年齢、教育、仕事、収入などの個人情報と、グループの名前、設立年、貯金額、ローン、銀行名、起業などのローンの使い道、返済額など、それからグループ活動の内容、グループに入って変化したこと、などを尋ねることになる。セックスワーカーと分かっているが、グループ会員なので、まず一通りこの順番に質問すると、本当にＳＨＧと変わらない。ただ、カーストが結構高いこと、夫との離別や死別が多いこと、本人の年齢のわりに子どもの年齢が高いことに気づく。夫として答えている名前がピンプや常連客の可能性、結婚年齢が最初に客を取った（取らされた）年齢の可能性もある。しかし、答え方は本人の選びである。筆者は面談の時はいつでも、事実かどうかよりも、本人の気持ちを聞こうとするようにしている。気持ちから事実がわかることが多い。

一通りの質問のあとに、この仕事に入った理由や客について尋ねた。かなり年配の女性もいる。一二才で売られたという女性もいるが、離婚させられたり、夫の死後に、あるいは夫に収入がないのでというように、生活のためが多い。ヒンドゥーやムスリムの女性にとって結婚は宗教的かつ共同体的な義務であるから、結婚して、その後の理由によるセックスワークであろう。クリスチャンが少ないのは、これも宗教的な理由で名乗り出ることができないものと考えられる。パートナーがクリスチャンだから一緒に教会へ行く、私はクリスチャンだ、と言った女性が二人いたが、その教会がＣＮＩ（北インド教会）なのかＲＣ（ローマ・カトリック）なのかペンテコステなのか知らなかった。地元のクリスチャンにとっては重要な違いである。

中絶をしたことがないセックスワーカーが多いのもインドの特徴である。既婚女性の大半は家族計画手術（不妊手術）を受けている。そこで妊娠の恐れはないが、避妊の予防と知識がないから、性感染症の危険が高い。若い時に人身売買されて不妊手術をされ、もう子どもが産めない身体になったから結婚はできないと諦めてセックスワークを続けている女性もいる。売春業者が医者に賄賂を渡して、子どもがいない未婚女性を手術するのも容易なことだ。面談者のなかにも一五才で不妊手術をしたという女性がいた。農村では一二才で子どもがいる女性は現在でもいる。そして、子どもがいれば年齢を問わずに不妊手術できるのである。男性の避妊協力は考慮の外にあると言ってよい。

カルナータカ州はＨＩＶ／ＡＩＤＳの感染者数が非常に高くて、一時は感染爆発の危険があったのだが、政府のＳＳＳなどの取り組みの結果、現在は減少傾向にあるという。しかし、これは疑わしいのではないだろうか。ＳＳＳグループに入って、経済的にも楽になったが、ここでメンバーに会えるのが一番嬉しいという答えが多かった。表向きはセックスワーカーであることを隠しているからである。男性同性愛者（インドではＭＳＭ、Male Sex With Menと呼ばれる）やトランスジェンダーのセックスワーカーも多く、カンナダ語でＨＩＶ／ＡＩＤＳの啓発ポスターが三種類、壁に貼られていた。しかし、女性用のポスターはないという。

3「セックスワーカーの現実」（個人面談のケース⑥）

ヴィーナ（仮名）は三五才のセックスワーカーである。カーストはヒンドゥーのバリジヤ（後進諸階層）で、一三才の時にボンベイ（現ムンバイ）の売春宿に売られた。五年間、そこにいたが子宮の病気になった。コーラールに帰ってきてから恋愛結婚した。子どもが産めないので、三人を養子にした。夫は四〇才で亡くなった。現在、息子は一人がオート力車のドライバー（一七才）で、もうひとりは七年生で中退（一五才）、そして娘はミッションスクールの寮に入っている。娘のためにお金がいるという。

ヴィーナはＨＩＶ検査で陽性とわかった。病院へ行くのが辛かったが、今は無料の薬をもらって飲んでいるので、体調は悪くない。常連客が三人いるが、彼女がＨＩＶ感染していることを知っているので、料金は安くしかもらえない。三人分を合わせても月に一五〇〇ルピーだという。一人は二五才の独身者で、彼女と結婚したがっているが、彼女は子どものために結婚はしたくないと断っている。二番目はバンガロールから来る三〇才の既婚男性、三番目はコーラールの三六才の既婚男性である。三人ともお互いの存在は知らないという。毎週一回やってくるが、かち合わないように、うまく決めている。三人とも酒を飲んでから来るが、暴力はふるわないという。

ヴィーナは月四五〇ルピーの借家に住んでいる。子どもといる時と、このセンターで毎週グループのメンバーに会うときが幸せだという。グループは一八人で二〇〇七年にでき、毎週二〇ルピーの貯金をしている。グループは二〇〇七年に九万ルピー、二〇〇九年に一九万ルピーの銀行ローンを得た。彼女は一万ルピーを借りて花編みの商売を始めた。しかし、経済的にきびしいという。ヒンドゥー教徒だが、生理中も寺に行くと答えた女性は、私のインド中の数多い面談者のなかでも初めてである。但し、家では生理中は神へのプージャはしないし、自分を隔離させているという。いつになれば彼女は願い通りにセックスワークを止めることができるのだろうか。

ナギナ（仮名）は三〇才のムスリムである。一二年卒で、一八才の時に親戚に嫁いだ。夫は四五才で、ビーディー（葉で巻いた小さいタバコ）づくりの仕事である。娘が三人と息子が一人いる。全員学校に通っている。良い夫だが、働かず、金も入れないので、彼女が一家の生計を担ってきた。スラム住まいで、ビーディーづくりと販売、家事も一切、彼女がしないといけない。ラマダーン（イスラームの断食期間）の時だけが客をとらなくていいので嬉しい。後はいつも不幸せだという。ＨＩＶは陰性だったが、身体中が痛む。二〇一一年にムスリムのセックスワーカー一五人でＳＳＳグループをつくった。毎週二〇ルピー貯金し、現在五千ルピーになった。まだローンは得ていない。

六　西インド・グジャラート州の場合

（一）ＳＥＷＡの理念と実践

パキスタンと国境を接するインド西部のグジャラート州で最大の都市であるアフマダーバードは、都市圏の人口が約五五七万人（二〇一一年）で、かつて「インドのマンチェスター」と呼ばれた繊維産業の中心地である。ここに世界で最大の自営女性の労働組合ＳＥＷＡ（Swashrayee Mahila ＳＥＷＡ Sangh）の本部がある。アフマダーバードは市の中央を流れるサバルマティ川で東西に区分され、西部地域には中流階層が住み、近代的な商店街がある。一方、古い城壁のある東部地区が繊維工場地帯で、その日暮らしの貧困層が多く住み、ムスリム住民も多い。ＳＥＷＡ本部はサバルマティ川の橋のふもと、東側に建っている。

SEWA 本部ビル

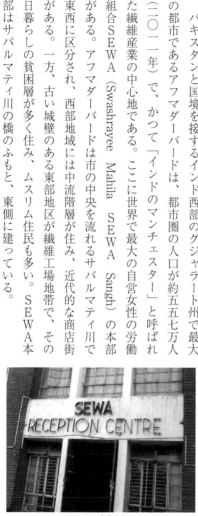

ＳＥＷＡは、Ｍ・ガンディーが一九一七年に設立したインド最古の労働組合であるインド繊維労働組合ＴＬＡ（Textile Labor Association）の女性部門として出発している。しかし、女性部門の弁護士だったイラ・バット（一九三三年、アフマダーバード生まれ）は、縫製業などの未組織部門（インフォーマル・セクター）で働く女性たちが労働法の保護を受けていない実態を知るようになる。一九七一年に古着商の女性たちが、Self Employed Women's Association をつくった。これがＳＥＷＡの誕生である。イラ・バットや女性たちの運動で、ＳＥＷＡは自営女性の労働組合としての登録が州労働局に認められた。ところがＳＥＷＡは、さまざまな未組織部門の貧しい女性労働者の保護に力をいれ、その独自の活動が評価されて、一九七七年にアジアのノーベル平和賞と呼ばれるフィリピンのマグサイサイ賞をイラ・バットが受賞した頃より、ＴＬＡ指導部との軋轢が増したと言われる。

一九八一年にＳＥＷＡはＴＬＡから追放された。この時点で約四千人の会員だったが、これ以降にＳＥＷＡは独自の運動体として飛躍的に成長してきた。ＳＥＷＡの組合員数は二〇一二年現在、グジャラート州で八〇万二〇三二人、県外および国外を含めると、約一三〇万人である。二〇一二年一二月一六、一七日に行われた会員総会において、今後三年間のＳＥＷＡの執行委員とリーダーが選ばれた。[37] ＳＥＷＡの選挙はグラスルート（草の根）からスタートする九〇日間以上の長いプロセスによっている。二〇〇人毎に一人の監督（Pratinidhi）が選ばれるのだが、今回は八〇万人から四〇一一人の監督が選ばれた。その構成は、部門別に四五四人の露天商、八六三人の家内労働者、二二〇四人の日雇いなどの労働者、四九〇人の生産者である。一五二六人が都市部から、二一四七人が農村部から、三三八人が州外からである。監督会議の中から二五人の執行委員が選出される。この他にフルタイムおよび非常勤のオーガナイザーが活動している。オーガナイザーには監督経験者も多い。今回の役員構成からも、アフマダーバード市から始まったSEWAが農村部の貧困層に活動を広げていることがわかる。

創立者のイラ・バットは、二〇一一年六月二七日、ニューヨークの国連開発計画（UNDP）でのスピーチにおいて、国連のミレニアム開発目標の実現のためには従来の開発的なアプローチを再考しなければならないと強調した[38]。TLAの女性部門としてSEWAの出発時からの理念であるガンディー思想を改めて強調したのである。

SEWAは自営女性の労働組合と協同組合、そして女性運動を組み合わせた独自のサンガム（統合体の意味）運動に特徴がある[39]。ガンディー思想の中心の「真理と非暴力」を社会改革運動に使っている。SEWAは「真理と非暴力」により、女性の「完全雇用と自立」をめざそうとする運動体である。この実現のためには、グローバル経済による開発ではなく、すべての人が、例えば一〇〇マイル以内で、主食、住居、衣服、基礎教育、保健サービス、銀行サービスという六つの生活の基本条件が満たされる社会でなければならないとする。そこで、開発において女性たちに問う必要があるのは、①雇用の機会を得たか、②収入は増えたか、③食物と栄養を摂ったか、④健康になったか、⑤託児所は得られたか、⑥住居を得て、改善されたか、⑦資産は増えたか、⑧労働者が組織され、コミュニティは強くなったか、⑨コミュニティから指導者が現れたか、⑩集団として、個人として自立したか、である。貧困層がこれらにイエスと答えれば、開発は正しい方向に向かっているのだと、イラ・バットは提言した。これに、⑪読み書きができるようになったか、を加えた一一項目は、ＳＥＷＡがインドで非識字の貧しい女性たちの組織化の目標として、つねに掲げていることである。

（二）ＳＥＷＡのサンガム運動

1　ＳＥＷＡ銀行

ＳＥＷＡといえばＳＥＷＡ銀行と言われるほど、ＳＥＷＡ銀行（Shri Mahila ＳＥＷＡ Sahakari Bank Ltd.）はインドで唯一の自営女性たちが株主になって創った銀行である。銀行でローンが借りられず、高利の金貸しから毎日、朝、元手を借りて、夜に返済する暮らしをしていたＳＥＷＡの自営女性たちは、一九七四年に、四千人が各一〇ルピーを出して、ＳＥＷＡ銀行を始めた。基本的にＳＥＷＡ会員の銀行であるが、未組織部門で働く貧しい女性労働者ならば、誰でも口座を持つことができる。銀行に入ると、まず入り口に読み書きできない女性たちなどのために手続きの補佐をする受付がある。行内は広い正面カウンターを挟んで、顧客も銀行員もすべて女性で活気にあふれている。壁にはイラ・バットの写真がある。ロビーのソファには自営の品物の包みを

SEWA銀行のプロジェクト・コーディネイター

床に置いて座っている女性たちや、広げて商っている女性たちがいる。貸し付けや会議などの奥の部屋のロビーには、さまざま職種で働く未組織部門の女性労働者たちの大きなパネルが展示されている。グジャラート州は女性たちの服装が非常にカラフルで色彩感覚にも富んでいるので、働く女性や集会中の女性たちの自信にあふれた笑顔の群像は圧巻である。また、それらを象徴するように風呂敷で包んだ古い書類の山が廊下の机に所狭しと積み上がっている。二〇〇九年度のＳＥＷＡ銀行の利益は、七九二万八千ルピー、ローン貸し出し額は、四億六六四九万ルピーである。[40]

ＳＥＷＡ銀行はさまざまなサービス事業を行っているが、もっとも重視し、トレーニングしているのが、貧困女性の貯蓄の重要さとその方法である。たとえば、毎日四杯のチャイを飲んだり、タバコを噛んでいる女性には、それを減らした分を貯金すれば、月額三〇〇ルピーになり、身体にも良いと説得する。筆者が面談した自営業に対しては、それぞれのプロセッシング、技術、売買交渉などをトレーニングして、利益率を上げることで貯金できるようにする。貯金があれば、災害や病気などの突然の不幸に高利貸しから借りなくても対応できる、また貯金によってＳＥＷＡの年金や各種の保険にも加入できるとモチベーションが高まるように説明するのである。ＳＥＷＡ銀行の設立者でもあるイラ・バットは「私たちの仕事は、事務所では少なくて、より多くは現場、借り手の世帯、マーケット、仕事場などにある。これが銀行員に知識を、顧客に信頼感を与える」と述べている通りであろう。また、銀行の開店時間に来店が困難な顧客のために、夜間に、あるいは遠方の村へ「動く銀行」として非常勤スタッフが回ったり、バスを巡回させている。

そのような非常勤スタッフをＳＥＷＡ銀行のロビーで面談した。

その一人が二六才のアミータ（仮名）である。アミータはヒンドゥーＳＣで、九年卒、一六才の時に見合いで結婚した。夫は二年中退の日雇い労働者で、日当は二〇〇～三〇〇ルピーだったが、他の女のところに行って帰ってこず、飲んで暴力をふるうようになった。飲む金を与えないので、二年前に離婚させられ、娘を連れて母の元に身を寄せた。この母がＳＥＷＡ銀行のトレーニング・スタッフである。そこで、一年前からアミータはＳＥＷＡの「動く銀行」のスタッフとして働いている。八時から午後二時まで、村々を回って貯金を集め、集めた額に応じて手数料を銀行から受け取る。交通費は自分持ちである。現在の彼女の収入は少なく共月額四千ルピーである。一万三千ルピーの貯金もできた。ＳＥＷＡと政府が提携している年金にも加入できた。困難なことはたくさんあるが、今は未来に向けて働けているから大丈夫だという。

2　アフマダーバード市の自営女性組合

SEWAには労働組合と協同組合があり、女性サンガム運動で結ばれている。グジャラート州女性SEWA協同組合連盟は一〇五の組合からなる。それぞれにSEWAスタッフのコーディネイターと組合員から選挙で選ばれる役員がいる。筆者は、協同組合では線香作り組合、縫製組合、家政婦組合、建設労働者組合、掃除人組合、魚組合、産婆組合、家政婦組合の女性たちに話をきいた。また、ジャマールプル野菜市場のSEWA農業生産者組合、アフマダーバード市の行商・露店商ユニオンを訪ねて面談した。それぞれが特徴的ではあるが、ここでは三つに絞って報告する。

縫製協同組合で仕事中の女性たち

建設労働者協同組合は二〇〇五年にスタートした。SEWAにいる建設労働者三万人が会員であるが、この協同組合の株主は三五〇人である。同じ建設労働でも機械を持っているのと、素手とでは日当が異なる。そこで組合では建設現場で使う各種の道具や機械をSEWAで保管し、会員に貸し出している。また、仕事の種類によっては男性が独占しているものが多い。例えば漆くい作りなどだが、組合が介入することで女性もできるようになった。機械の使い方などのトレーニングによって会員の技術があがり、会社からSEWAに注文が来るようになった。この組合の代表のマニベン[41]（四二才）は、ヒンドゥーSCのパルマールで、二五年間、建設労働者として働いている。一九九二年にSEWA会員となり、この建設組合ができるとすぐに参加した。現在は機械を使えるので、日当は二〇〇ルピーとなり、会議などでSEWA事務所に来る時を除いて、一ヶ月間、フルに働いている。

掃除人協同組合は一九八〇年代にできた。株主は五〇〇人だが、SEWA組合で活動しているのは三〇〇人ほどだという。主にSEWAの関連建物の掃除をしている。グジャラート州では同じヒンドゥーSCでも、掃除人カーストのヴァンギのみが「ハリジャン」[42]と呼ばれる。存在自体が不浄視され、社会的にもっとも差別されている。ただ、都市のヴァンギは市の衛生局に雇われ、毎朝晩、道路掃除やトイレ掃除などの仕事を割り振られるので、その他の日雇い労働者のように仕事にあぶれることは、特別な状況を除けばない。

ラクシュミ（推定四〇才）は、一五才の時に同じヴァンギの夫と結婚し、一五才と七才の二人の子どもがいる。夫は市の清掃をし、月給は三〇〇〇ルピーである。彼女は五年前からSEWAアカデミーで働いている。毎朝八時に来て一〇時までに掃除を終える。月給八〇〇ルピーであるが、組合の会費が月五ルピー、政府の税金が五ルピーで、一〇ルピーが差し引かれる。差別については、他のカーストと一緒に飲み物を飲むことはなく、高カーストが彼女の家に来ることはないという。しかし、カースト差別よりも、教育費や物価が上がって、生活が苦しいので大変だという。自分は学校教育を受けていないので、子どもには教育を受けさせたいと考えている。

ＳＥＷＡはガンディー主義によりカースト差別を否定する。会員にはヒンドゥーＳＣやダリット・ムスリムが多いが、ＳＥＷＡの高学歴スタッフにはバラモンを含めて高カーストの女性が多い。そこで、被差別カーストのエンパワーメントにおいてもカーストに関わる意識の問題を扱うことはない。タミール・ナードゥ州のＷＯＬＤがダリットの政治的覚醒をトレーニングに取りいれたのとは異なっている。ＳＥＷＡの目的は貧困女性の雇用と生計の維持にある。

SEWA の魚協同組合で魚を売る会員

魚協同組合は、一九八八年にできたが、魚の質をめぐる内部の諍いが原因で一九九三年に閉鎖された。そして二〇〇三年に再スタートして、今度は成功を収めている。会員は三〇〇人で、全員が魚販売のライセンスを取得している。グジャラート州は菜食州と呼ばれ、菜食主義者が多い（とされる）。野菜マーケットはＳＥＷＡの農業生産者組合もそこに店を持っているように二四時間営業の巨大な公設市場があるが、魚や肉の販売については取り締まりが厳しい。アフマダーバード市には二つの魚市場があるが、その一つが市営SEWA魚組合であり、SEWA専用の魚市場となっている。以前は魚を売っていると警察に嫌がらせをされたり逮捕されたりと、いろいろな問題があった。しかし、現在は市営として登録された。ここでは五二人の会員が三～四人が組んで魚を販売している。市場の表にはチキンとマトンの露店もある。

シャンタナベン（五二才）は四〇年来のSEWA会員で、カーストはヒンドゥーのパトゥニ（後進諸階層）である。一六才で結婚して、四人の子ども、一一人の孫がいる。魚組合ができた当初からの会長で、毎日、朝の七時から夜の八時まで魚の売買で働いてきた。プロジェクトがあった頃は月二五〇〇ルピーをSEWAからもらったが、現在は無報酬である。一九九三年に組合が閉鎖になった時から再開までの一〇年間は郵便局で働いていた。夫は市営バスの運転手だった。SEWAのおかげで子どもたちを教育でき、結婚もさせられたのは良かったが、娘が夫の飲酒とDVで苦しんでいるので、そんなことのない社会になってほしいという。娘もSEWA会員である。

この魚組合の再スタートを担って成功させたのが、現在、SEWA協同組合連盟の管理部長で、魚組合のコーディネイターであるスルーチベンである。スルーチベンはヒンドゥーのブラーミン（バラモン）で、菜食である。二五才で同カーストのビジネスマンと結婚し、二人の息子がいる。商業の学位をもっており、会員だった義母の紹介で二〇〇二年にSEWAに就職した。当時、夫の仕事の破産で宝石から服、家まですべてを売ってしのいでいた。しかも二番目の子どもを妊娠中だった。家庭教師の口を探していた時だったという。ところが、一年してから魚組合の担当になった。菜食なので臭いに耐えられず、吐き気と頭痛に苦しみ、何度もやめようと思ったという。しかも朝六時に家を出ないといけないので、子どもの世話ができないのも苦痛だった。しかし、毎朝、漁港の卸市場に行き、買い付け、行政とも交渉を重ねた結果、会員の女性たちの収入が増えて喜ぶ顔が嬉しくて、続けられたという。

小さい頃から人の役にたつ「良い仕事」をすることがブラーミンの役割だと教えられてきたから満足である。早朝に家を出るので夫が嫌がり、喧嘩になるが、今は息子が一番の理解者であるという。

筆者のグジャラート語の通訳（二三才）も菜食主義で、魚市場の内部に足を踏み入れることができなかった。魚を見たのは生まれて初めてだという。魚の臭いによる吐き気と「魚食」に対する感情から頭痛に襲われたのである。私たちは市場を離れた所に車を停めて、そこに会員に来てもらって面談をした。車の窓も後部ドアーも全開にして行ったが、魚を売る女性たちの全身に沁みた臭いに通訳は耐えていた。

スルーチベンも、魚組合の限界は、州が公的に菜食州だということにあるという。ＳＥＷＡ組合だけでも毎日、ひと組の女性たちが販売する魚は三〇〇キログラムで、それが二七日間、全体で八万キロ以上の魚が売られているということは、家庭では菜食でも外で魚を食べている人口、とくに男性が多いということだろう。ところが、低カーストで貧しい女性たちは、高カーストの菜食主義を「良いもの」として真似るから、栄養失調になる。非菜食と回答する女性でも、週の五~六日は小麦粉のチャパティとピクルスだけのような菜食がふつうである。一方、高カーストや豊かな家庭は菜食でもたっぷりの乳製品や豆類を食べる。栄養価の高い魚が安く簡単に手に入り、家庭でも料理できるようになれば、大方の貧しい女性と子どもたちの栄養失調は改善すると思うのだが、カースト文化の壁がある。

3 ガンディナガール県の農村の酪農協同組合

ＳＥＷＡは近年、農村部のほうに力を入れ、かつ伸びている。一九七〇年代末から農村開発を行ってきたが、農民の組織化は都市のようなわけにはいかず、長く困難に直面してきた。農村部はカースト意識が強いのである。ところが高カーストが中心的な酪農部門において、当初の男性たちの抵抗にもかかわらず、ＳＥＷＡミルク協同組合は実質的な利益によって成功を収めるようになった。

ガンディナガール県ペタプール村のミルク協同組合は、一九九一年にスタートしている。村には高位カーストのモディ、パーテル、ダルバール、「後進諸階層」のタコール、牧畜のデサイ、レンガ造りのプラジャパティ、テイラーのダルジ、庭師のマリ、大工のスタールなどのカーストがある。ムスリムは約五〇〇家族で、クリスチャンはいない。村の総人口は約二万五千人である。パンチャヤート議会は会長を含めて二一人の議員からなるが、その中の七人が女性で、ミルク組合の活動のおかげで全員が実質的に選ばれているという。二人は組合員である。

現在（二〇一二年）、近くの村を含めて組合員は八〇〇人だが、当初の二年間は男たちによる妨害や、女性にも教育がなかった為に、さまざまな問題が起き、閉鎖した時もあったという。この村にはかつて男性たちのミルク組合があったのだが、問題が多くて閉鎖になり、毎日、他の村の組合に持っていかなければならなかった。一リッター五ルピーと値段も安くて大変だった。そこで、六年後にSEWAが女性ミルク協同組合をスタートさせた。当初はパーテルとダルバールの女性二五人で始め、六ヶ月後にタコールも加わって一〇〇人、トレーニングにより一年後に三〇〇人に増えた。現在のこの村の会員は三八七人で、一家族に一人の会員である。

現在、ここの組合では、水牛のミルクが平均でリッター五〇ルピー、牛乳で三〇ルピーである。一家族が平均五～一五リッターを一回で搬入し、それが朝晩の二回である。朝の六時から八時半、夕方も同じ時間帯に会員の家族が持ち込むミルクを、組合員の有給スタッフがその質（油分）と量を機械で量る。自動的にそれらと価格が印字された紙が出てくるので、会員家族はそれを受け取って帰る。数値はすべてコンピューター化されている。この組合と契約している酪農会社であるマドゥ・デイリーがミルクを回収に来る。支払いは月に三回で、マドゥ・デイリーから受け取ったチェックを組合の代表が指定のアフマダーバードの銀行で換金（会長、議長、委員の三人の署名が必要）してきて、金庫に保管し、会員には現金で支払われる。中間マージンがないので、会員の収入はかつてと比べて格段に良くなった。この村の成功をモデルケースにして、他の村でもSEWAのミルク組合が増えていったのだという。
七人に個人面談した。その中の二人のケースを報告する。

ナブーバ（四五才）はヒンドゥーのダルバールで、学校教育は二年中退、一六才で同カーストの二二才の夫と見合い結婚した。夫は九年卒の農民で、六エーカーの土地がある。小麦、綿、ターメリック（黄色い香辛料のうこん）を栽培している。水牛四頭と雄牛一頭がいる。子どもは四人で、結婚している二七才と二三才の娘、同居している二五才の息子（大卒）と嫁、二才と一才の孫、それに大学生の末子がいる。一九年前にこのSEWAのミルク組合に加入し、委員をしている。年金を含めてSEWA銀行はまったく利用していない。経済的には楽だという彼女に一日の過ごし方を聞いた。五時に起床、（嫁は六時起床）、水牛の乳絞り、朝のティーを作り、朝食の支度。太陽への礼拝の後で、七時に家族一緒に朝食。七時半までにミルクの搬入。その後、村の井戸からの水汲み、洗濯、水牛の世話、昼食の支度、一二時に昼食。水牛と牛の世話の後、午睡。三時にお茶。再び水牛の世話、六時に乳絞りをして、六時半に搬入。夕食は嫁が作り、八時に家族で夕食。九時半から一二時まで毎夜、女性のバージャン・チームで礼拝。バージャン（ヒンドゥー賛歌の唱和）はチームの家で交代に行う。礼拝する神はシヴァとクリシュナ、とくにアンバという女神である。毎月曜日は昼食だけしか食べない断食をする。夫も宗教的なので理解があるという。さまざまな決定事項も彼女が自分で行う。男女は元から平等だ、という。

カイラークシュ（四六才）はヒンドゥーのパーテルで、学校教育は六年、一五才で同カーストの一八才の夫と見合い結婚した。夫は七年卒の農民で、六エーカーの土地がある。米、豆、木綿を栽培している。水牛三頭がいる。子どもは既婚の娘と二五才で家にいる娘、働いている二二才と二〇才の息子の四人で、孫はいない。ＳＥＷＡミルク組合には一五年前に加入した。組合に入ってトレーニングを受けてから、ミルクについての知識が増え、いろいろな経験もできるようになった。今も毎月、例会がある。彼女の水牛のミルクは、現在、毎日の平均一八リッターで、リッター四五ルピーで売れている。ＳＥＷＡ銀行は遠いのでローンを含めて利用していない。バローダ銀行に口座がある。ミルクのことやお金の使い方などの決定は彼女が行っている。ジェンダーについての質問に対して、かつてはこの村でも幼児婚が多かったが、この組合の成功によって村は非常に変わった。政府が決めた結婚年齢（女性一八才、男性二〇才以上）に従うべきだ。次女が二五才で未婚であることについても、彼女は擁護した。長女の結婚にもダウリーは払わなかったという。

なお、ＳＥＷＡ銀行のガンディナガール支店には本店にはないＳＨＧ部門ある。この支店とのリンクによってＳＥＷＡは二〇〇七年頃から農村にＳＨＧをつくる活動を始めた。住宅ローンの貸し出しを主目的にしたＭＨＢＭ（Mahila Housing Bachat Mandal）という名前の五つのＳＨＧグループを、ガンディナガール市に近い村に訪ねた。ＳＥＷＡはインフォーマル・セクターの女性労働者の組織であり、SEWA銀行の会員にもその資格が必要だが、SHG会員には専業主婦でもなれるという特徴がある。ミーティングは月毎であり、どのグループもSEWAの担当スタッフが記録をとっており、グループのリーダーもスタッフに依存している傾向がみられた。グループ貯金やSEWA銀行からのローンによる経済的向上感は見られるが、NGOによるエンパワーメント目的のSHGつくりと異なる点にやや失望を感じた。そこで、これらのグループについては報告を省略し、グジャラート州内のさらに奥地でのSEWAのSHG活動について報告する。

4　メーサーナ県の農村の植林協同組合

アフマダーバードから約六〇キロのメーサーナ県のガネーシュプラ村に、ヴァンラクシュミ女性植林協同組合がある。グジャラート州には広大な森林地帯がある。公有地である。ガネーシュプラ村の女性たちは一九八七年に組合をつくり、森林を開拓して、堆肥づくりとその堆肥を使った木々の苗づくりや果物、野菜の栽培をしてきた。現在は賃貸料を払って登録された一〇エーカーの土地に、ニームの苗の植林地や、マンゴーやレモンの木、畑や温室などがあり、きれいに維持

ヴァンラクシュミ女性植林協同組合で

されている。四九人の会員中の二〇人が毎日、ここで働いている。アフマダーバード市内などからSEWA会員やグループがここに来て一日研修し、有機栽培の野菜のランチを楽しみ、園内でリラックスするというエコツーリズムの場としても収入を得ている。パタン市にあるSEWA織物協同組合で織られたという深い緑色の木綿のサリーが会員の制服である。美しい制服が木々の緑に溶け込んでいる。

この村の出身で、組合員でもあり、現在はSEWAのスタッフとしてこの組合を担当しているニーラベンに話を聞いた。彼女はヒンドゥーのセヌーマ・カースト（BC、後進諸階層）に属する。この村はヒンドゥーのみの約五〇〇家族で、SC（指定カースト）コロニーには一〇〇家族いる。織物カーストのヴァンカールと掃除人カーストのヴァンギである。但し、後述するボデリの村でもそうだが、グジャラートでは、ヴァンギのみをハリジャンとして不可触視あるいは賤視するが、他のSCカーストについては、SCかBCかの区別が明確ではない。少なく共SEWAのスタッフも会員もどちらであるかを意識しないので、聞いても知らない。これは近年のSCの変化によってより顕著になっているといえよう。高カーストはパーテル、その他にタコール、デサイ、プラジャパティ、スタールなどである。ダルバールはいない。

ニーラベン（三五才）は一〇年卒で、一八才の時に二〇才の夫（大卒）と見合い結婚をした。一五才の娘と一三才の息子がいる。一エーカーの土地があり、夫は会社に勤めながら、農業もしている。彼女は一九九八年にこの組合に加入し、翌年からずっと選挙でマネージャーに選ばれてきた。義母もSEWA会員で、夫も理解がある。組合で働くようになって、村の外へ出かけ、他人とも話ができるようになった。高い地位の役人とも交渉する。トレーニングによって知識が増え、エコツーリズムの客に組合の説明をし、客から学ぶことも多いという。スタッフとしての給料は六千ルピーであるが、子どもの教育費が高いという。

彼女の説明で驚かされたのは、生理中の会員は組合の野菜畑に入れない、とくに茄子畑とマンゴーの木に近寄ってならず、台所でも水桶とピクルスの入れ物に触れてはならないという規則である。むろん、ガネーシュプラ村の慣習に従っているのである。この村では生理中の女性は神々へのプージャ（礼拝）はもとより、三日間は畑に入らず、料理もしない。生理中に触れると木が枯れる、水やピクルスが腐ると信じられている。生理中は食器も寝具も石けんも家族とは別にしなければならない。この村だけではなく、アフマダーバードなどの都市でも、生理中の家事はできないことがある、「それは家族や知人に手伝ってもらう」と当然のように答えた女性は多い。果物などの露天商の女性も生理中は商品に触れない。客や隣の露店が手伝うという。大学院出の若い通訳（SEWAスタッフ）も「生理中にマンゴーピクルスの容器に触れたら、味が変わってしまった」という経験をして以来、婚家でも慣習を守っているという。

ヒンドゥーのヴェーダ聖典に基づく伝統により、神々の前では女性は不浄だとされている、とニーラベンは説明した。SEWAの女性協同組合も「穢れ」に従っているのである。

ジャシベン（五〇才）は、学校は七年生まで、一五才で二〇才の日雇い農民の夫と見合い結婚した。二人の息子がいる合同家族で、嫁もＳＥＷＡ会員である。ヒンドゥーのヴァンカールでＳＣ居住区に住む。ヴァンカールの一〇世帯の女性はすべてＳＥＷＡ会員である。彼女自身、ヴァンカールがＳＣなのかＢＣなのか知らなかった。ただし、ＳＥＷＡ会員になって、この一五年間で村は非常に変化したという。夫が三五才で亡くなった時も、息子が亡くなった時も、葬式に高カーストも家に来てくれた、今は村のヒンドゥー寺院にも入れるという。以前は不可触の慣行は厳しかった。また村に女児殺しも多かったが、ＳＥＷＡのトレーニングで減ったという。産婆もトレーニングを受けており、自宅で出産する場合もそのような産婆によるか、一緒に病院へ行く。

RUDIの袋詰め作業

　ジャシベンは一九八九年に組合に加入し、一九九一年から委員になった。組合員になって改めて読み書きと出納帳の書き方を学んだ。組合スタッフの報酬は月三千ルピーである。夫の死後、ＳＥＷＡの援助で三万ルピーのローンを借り、水牛を購入した。また、ＳＥＷＡ会員として二〇〇〇年にタイとスリランカへ、二〇一〇年にはイタリアでの会議に参加した。しかし、彼女も生理中の三日間は仕事でも家でも先述の禁忌を守っている。

すぐ近くの村に街道に面してＳＥＷＡのＲＵＤＩ農産物加工センターがある。ガネーシュプラその他のＳＥＷＡの農業協同組合でつくられた農産物を小袋詰めしている。米、小麦粉、豆類、紅茶、唐辛子、ターメリック、コリアンダー、クミン、マスタード、その他、委託販売の歯磨きなどの箱詰めもある。袋にはＲＵＤＩの商標マークがついており、広くＲＵＤＩ製品として販売されている。二〇〇五年に創立され、一二人の会員が働いている。マーケッティングおよび加工担当の二人のＳＥＷＡスタッフはかつてＳＥＷＡ銀行の保健・健康事業で働いていて、この部門に転勤になったのだという。しかし、ここでも生理中は商品に直に触れる小分け作業はできない。出来高払いで働いている会員は、生理中の五日間は仕事を休む。

５　ヴァドーダラー県ボデリの農村のＳＨＧ

ヴァドーダラー県（旧名バローダ）は、アフマダーバードの南東一二〇キロのヴィシュワミトリ川の自然堤防上にある。人口は三六四万人（二〇〇一年）、男女の人口比は男一〇〇〇に対して女九一九人である。今回、調査したボデリは、ヴァドーダラー市の東七〇キロ、ウルサン川の岸辺の町で、人口は一万五〇〇人（二〇〇一年）、男女比は、男一〇〇〇に対して女九二三人である。ヴァドーダラー全体より少しはましであるが、女児に厳しいヒンドゥーの土地である。隣接するナルマダー県やさらに南のマーディヤ・プラーデッシュ州にまたがるサルダール・サロヴァール・ナルマダー・ダムは、ボデリから一〇〇キロの所にある。ナルマダー川のメイン運河は世界最大の灌漑用の運河とされる。全長一二一〇メートル、高さが一六三メートルである。ナルマダー川の支流にスッキ（Sukhi）ダムがある。ダムによって六村が水没し、そこに暮らしていたアディヴァーシー（ST、トライバル）の人々が一五年前（一九九七年）に移住を余儀なくされた。ムッタイ村が移住したムッタイ居住地もその一つである。

ボデリにあるSEWAセンターの正式名称が、「スッキ女性SEWA組合」なのは、政府からの要請を受けてSEWAがこのダム移住民の調査を始めたのが、センター設立の始まりだったからである。SEWAは女性組織なので男性スタッフはいないが、ボデリにだけは例外的に二人の男性スタッフがいる。当時のアディヴァーシーには教育を受けた女性がおらず、会計のできる人材が緊急に必要だったために、ラトワ族でも例外的だった大卒の男性がSEWAに採用されたという。現在もこの男性二人と女性一人が有給スタッフとして働いている。ダム移住地での暮らしは後述するように大変である。

ボデリのSEWA組合が現在取り組んでいるのは、この地域に多いアディヴァーシーやその他のカースト・ヒンドゥーの女性たちの貯蓄のためのSHGつくり、堆肥つくりと有機農業、植林や農業の技術指導、家畜の飼育、地産地消を実現するためのRUDIセンターの運営である。RUDIセンターについては新しい建物が建ち、二階はアディヴァーシーの壁絵などの伝統工芸の展示室にするべく準備が進んでいた。以下、訪問した村のＳＨＧについて報告する。

マンクニは古い歴史のある村で、人口は約二五〇〇人、ヒンドゥーのみである。カースト村には高カーストのブラーミン、パーテル、ヴァンカール、後進諸階層のヴァリヤ、ナイール、ロヒが、ＳＣ居住区には、タルビ、ナヤック、ヴァンギが暮らす。ＳＥＷＡがつくったＳＨＧはＳＣ居住区に二つある。二〇〇九年と二〇一〇年につくられた新しいグループである。貯金を目的とし、ミーティングは月に一回、毎月それぞれ一〇〇ルピー、五〇ルピーを貯金している。親だけではなく結婚した兄弟も一緒に暮らす合同家族がふつうなので、ＳＨＧ会員になって貯金し、ＳＥＷＡ銀行からローンを得ても、意思決定は義父や夫が行っている。仕事は日雇い農民で、日当は一〇〇ルピーだが、余裕のある家族は牛や羊を飼っている。

先にも述べたが、グジャラート州ではインドの法律上の保護枠であるＳＣ（指定カースト）とＢＣ（後進諸階層）の区別が一般的に曖昧である。ヴァンギのみをハリジャン（ＳＣ）とし、他をＢＣと同一視する。保護の特典を利用することよりもカースト意識を排除しようとするＳＥＷＡではとくにそうなのだが、ボデリでは、これにＳＣとＳＴ（指定部族）の曖昧さが加わる。マンクニ村のグループは二つ共にヒンドゥーＳＣのＳＨＧだと考えて面談し、現地を案内してくれたＳＥＷＡのスタッフ（地元のオーガナイザー）もそのように説明したのだが、後日、タルビもナヤックもトライバル（アディヴァーシー）であると判明した。かなり早くから村に住み、グジャラート化したものと思われる。当人たちもSCとSTの区別を知らず、グジャラート語を話し、ヒンドゥーの神々を信仰する。また、一九九七年以来のスッキSEWA組合の会長で、ククナ村のSHGのリーダーであるナンドゥベン（四八才）も、自身が属するヴァリヤがトライバルのSTなのか「その他後進諸階層」のOBCなのか法的区分を知らなかった。そこでSEWA事務所で書類を調べた結果、OBCと判明したようなことである。

SEWAのグループができてから変化したことがある。これまでこのSC居住区に決して立ち入ることがなかったブラーミンが、祭りの時には家の中に入って、神像の前でプージャをするようになったことである。祭りの神像の行列も居住区内に入る。葬式や結婚式には、村の高カーストもやってきて、男性の給仕で食事を食べるようになった。彼らが村のヒンドゥー寺に入ることもできる。ただし、ハリジャンのヴァンギは別だという。なぜヴァンギもSHGに誘わないのかという筆者の問いに対して、SEWAのオーガナイザーも通訳も、「ヴァンギのメンタリティ」のせいにした。彼女たちのほうが忌避するのだという。しかし、タルビの家に入るようになったブラーミンや高カーストがヴァンギの家に入らないのは、ヴァンギのせいだけだろうか。タミール・ナードゥ州のWOLDがダリットの意識を変えるために、どれだけ工夫をしたかを考える時、WOLD自体がダリットの女性組織であることとSEWAとの違いが浮き彫りになる。

もう一つ気になったのは、幼児婚である。面談した女性の大半が一二才から一五才で結婚しており、二〇代の女性でも一八才以降（インドの法律上の婚姻年齢）は例外的なほど少ない。しかも二人を産んだ後、若い年齢で政府の家族計画手術を受けている。「男女の平等のために、どのような社会が望ましいか」という問いについて、「幼児婚のない社会」、とその女性たち自身が答えている。

パンネジ村とコディア村は一つのパンチャヤートで、ここもヒンドゥーのみである。パンネジ・パンチャヤートは、会長と八人の委員の内、会長を含めて八人が女性、カーストはラージプットとタコールである。全員がSEWAのSHG会員である。名前だけの女性委員ではない。村の道路も井戸も女性グループのおかげで良くなったから、女性にまかせておくのがいいと、村の男たちは考えているという。元会長の男性宅を訪問して説明を聞くと、会長は委員から選ばれるが、委員については選挙をせずに村で選んで、その名前を州に届けて認可を得ているらしい。SEWAの影響力の大きさがわかる。

パンネジ村は約三五〇家族、住民は約二五〇〇人である。上位カーストだが「その他の後進諸階層」(OBC) のラージプットが多数派を占める。ヒンドゥー寺に住むブラーミン僧もいるが地主ではない。SC居住区のほうにタルビが一〇〇家族、ナヤックが三家族、寺の脇のラージプットの側にヴァンギが一家族いる。ここに九つのSHGがある。八つがラージプットとタルビの混合グループ、一つがタルビのみのグループである。最も古いグループは二〇〇五年につくられている。ミーティングはすべて月一回で、SEWAスタッフが来て合同で行われることが多い。貯蓄もローンもSEWA銀行で行われている。基本的に貯蓄目的のSHGであるが、SEWAによる教育効果が出ていることは、土地無しのタルビにラージプットからの被差別感がないことからもわかる。但し、ラージプットにはプライドがある。

かつてただ一人のヴァンギの会員だった女性（推定三五才）は、四年前に娘の結婚で貯金をすべて下ろして、グループを辞めた。グループから借りられなかった。彼女は学校へは行かず、一四才で結婚し、三人の子どもを産み、一四年前に夫を亡くした。義母や子どもたちと日雇いで暮らしている。土地も家畜もない。彼女はグループに再入会したいというが、できない。政府のSC支援の政策を実施してほしいという。彼女も生理中は食事の用意もプージャもしない。

一方、コディア村のほうは人口が三三九人、STのタルビが多数派で、ラージプットが一家族、他にSTのナイカ、ビーン、OBCのヴァリヤ、SCのヴァンギがいる。ここに二〇人でカースト混成のSHGが一つある。毎月のミーティングで各一一〇ルピー貯金している。二〇一〇年にできた新しいグループで、代表はラージプットの女性（二〇才）である。合同家族で、義祖母、義父母、彼女もその一人である兄弟の妻と子ども各一人の計九人が同居している。三エーカーの土地を持ち、夫は男用の服の縫製をしている。SEWA銀行からのローンの三千ルピーは、耕作用に使い、まだ返済していない。決定事項は夫が決める。会員のナイカの女性（二二才）も同様の構成で九人の合同家族である。土地無しで、母乳を飲ませている一才の娘を抱えながら、彼女自身も日雇い労働をしている。一日一〇〇ルピー、半日五〇ルピーで、日当はその都度、義父に渡す。グループの個人の貯金は一五〇〇ルピーになったが、ローンはまだ得ていない。この村では誰も酒を飲まず、人間関係はよいという。

タルビの女性（推定四五才）は一八才と一五才の娘が二人とも結婚している。彼女自身も一四才の時に一七才の夫の元に嫁いできた。幼児婚についてどう思うかと尋ねると、義父母と夫が決めたが、娘も承知したので大丈夫だ、と答えた。しかし、ダウリー（持参金）には反対で、娘たちもダウリーなしで嫁いだ。娘たちは学校教育を二年しか受けていないが、残る息子は一一才で六年生である。彼女も生理中は食事の用意やプージャはしない。ナイカとタルビは自分たちのカーストの産婆によって自宅で出産する。

ラタンプール村はムッタイ村と同様にラトワ族の村である。ＳＥＷＡは二〇〇五年からここに四つのＳＨＧをつくってきた。グループの農家はＳＥＷＡの指導で、三年前から水牛と牛の糞と落ち葉を利用した堆肥つくりを始め、木綿、米、スイートコーンなども堆肥を使って栽培している。以前は化学肥料と農薬によって皮膚病になったが、堆肥によって収穫は増え、味も良くなった。堆肥による害虫の問題はまったくないという。広大な森林地帯であることと、豊富な家畜の糞が幸いしている。また、地産地消をめざして、ＲＵＤＩ製品も購入している。

なお、インドでは人糞の使用は「問題外」という顔で一蹴される。人糞を扱うのはヴァンギの仕事で、穢れの最たるものと考えられているのである。筆者は、町の家々から人糞を「宝」として購入してきた昔の日本の農家の話をして、顔をしかめられた。

ラトワ族のグループのリーダーの一人であるアニラ（二七才）は、一〇年卒、一八才でこの村に嫁いできた。夫の家族と一七人が一緒に住んでいる。義父母、三兄弟の妻と子どもたちである。彼女自身にも八才の娘と五才の息子がいる。二人目の後に家族計画手術を受け、六〇〇ルピーをもらった。家族には四エーカーの土地があり、三年前から堆肥で有機農業をしている。八年前に一五人でグループを結成し、毎月、一〇〇ルピーを貯金してきた。八千ルピーのローンで種と肥料を購入したが、現在の収入は年に二万五千ルピーである。グループのトレーニングによって他の人との話し方や農業の仕方を習った。ラトワ族にも酒を飲む者はいるし、若者は父と夫に従わなければならないが、彼女の家族の場合、義母がすべてのことを決定する。困るのは雨期に雨が降らない時である。耕作は雨に依存している。男女平等については、幼児結婚のない社会が望ましいという。

別のグループのリーダーのコキラ（三五才）は、八年卒で一三才の時に一五才の夫に嫁いできた。夫は土地を持たない日雇い農民である。現在は義父母と夫婦と二人の子どもの六人暮らしである。二人目の後に家族計画手術を受けた。日雇いで働いた日当は夫に渡す。ＳＥＷＡ銀行からのローンで土地を借りて農業をしているが、堆肥は使っていない。堆肥用の家畜の糞がないからだが、肥料も高い。債務の返済もこれからである。グループのミーティングは月に一回だが、貯金の一〇〇ルピーは二〇人の家を回って集める。それをボデリのＳＥＷＡ事務所か担当スタッフの家まで持っていく。事務所がＳＥＷＡ銀行の出張所となっている。交通費はＳＥＷＡが払ってくれる。経済的には大変で、ＳＨＧに入ってとくに変わったと思うことはないが、この村はラトワ族だけなので、人間関係は良いという。

ナルマダ（二五才）も別のグループのリーダーである。学校は二年だけで、一一才の時に一四才の夫と見合い結婚した。一・五エーカーの土地があるが、日雇い農業で働いている。夫は建設作業の日雇いで日当の二五〇ルピーは妻に渡す。二人の娘と息子がおり、一七才の娘も日当は母親に渡す。七年前にできたグループは毎月のミーティング時に各一〇〇ルピーを集めるので、それを彼女がボデリに持っていく。貯金の仕方、ローンを得る方法を学べたので、ＳＨＧに入って良かった。五千ルピーを借りて、肥料と堆肥用に使った。生理中は食事の支度もプージャもしない。仕事も草刈りだけである。生理中の女性は水のポットに触れないので、地主も生理中だとわかるという。家族計画手術は息子を生んだ後に受けて、六〇〇ルピーもらった。また、出産はラトワの産婆がいないので、ナイカの産婆に取り上げてもらい、五一ルピーと米と豆を一・二五キロ渡した。（インドではゼロは良くない数字なので、一ルピーを足して渡す。また、一キロは良くないので、端数を足して渡す。）

この村はラトワ族のみの共同体であり、飲酒はともかく夫の暴力についての話は出なかったが、ラトワ内での幼児婚が続いている。また、堆肥づくりによる農業がＳＥＷＡの指導で取り組まれているが、土地無しの貧しい家族には出来ない。グループ起業への取り組みには時間がかかりそうである。

スッキ女性SEWA組合は、スッキダムによる移住民への取り組みから始まったので、ムッタイ居住地（Muthai Vasahat「ムッタイの建物」の意味）を訪ねた。大きな小屋という感じの建物に親族の数家族が同居している。ダムによって移住させられたのはラトワ族の七〇家族である。政府は元の所有地と同じ大きさの三～四エーカーの代替地と一家族につき四千ルピーの補償金を払った。移住前の村ではトウモロコシと豆、ダルを作っていたので、同じものを作っているが、良くない。以前の土地は豊かだったが、ここでは雨に頼らなければならない。しかも飲料水に塩分があり、皮膚病になり、女性はめまいを起こしている。家畜も病気になった。今は他の場所へ飲み水を汲みに行っている。パンチャヤートがムッタイ移民の面倒をみない。

スッキダムで移住後の小屋

SEWAのスタッフとして働いている女性が畑仕事で留守の間に、夫の話を聞いた。彼によれば、一五年前自分はまだ若くて何もわからず、政府の言いなりに従った。今は問題だと思うが、六つの村が別々の場所に移されたので、分断されて、もはや一緒に行動するのがむつかし

SEWAのダイ（産婆）トレーニングを受けた産婆さんたち

いという。妻はＳＥＷＡの仕事と畑や家畜の世話、家事と忙しく働いているが、夫には生気がまるで感じられなかった。スッキも含めてナルマダーダムによる移民、あるいは難民となって都市スラムに流れたアディヴァーシーや下層カーストの人口については正確な統計がない。

6　「産婆が村を変える」（個人面談のケース⑦）

ＳＥＷＡは一九七〇年代後半から会員のための母体の健康プログラムに取り組み始めているが、その過程で産婆（現地の言葉でダイ）の役割の重要性に気づく。一九九一年にガンディナガール県のダイについてＳＥＷＡが行った調査報告によれば[43]、ダイは共同体のほとんどすべてのカーストに所属しており、七%のダイはハリジャンの出産は行わない。七二%が他の村へも出かける。七九%は読み書きができない。ダイの世帯は貧困である。ダイは出産に関わったどうかに関係なく、村の女性や子どもの病気について相談をうける。ダイは訓練を受けたがっている。

このような調査に基づいて、一九九一年からSEWAはダイ・トレーニング・プログラムを開始した。毎年平均四〇〇人のダイが参加している。別に三ヶ月コースの産婆学校もある。SEWAの産婆プログラムはグジャラート州政府の母子保健事業と連携しており、ヘルスワーカーの養成と病院出産を促進してきた。しかし、公立病院が遠い辺鄙な村や、都市でもスラムなどではまだまだ自宅出産がある。病院を信用しない家族もいる。筆者の面談でも自宅出産がかなり多かった。たとえば、先に述べたSEWA銀行の非常勤スタッフのアミータは、最初の息子が生まれて一五日で亡くなった。病院で産んで亡くなったので、現在七才の娘は家でダイに取り上げてもらったという。

SEWAダイ協同組合には一一〇〇人の会員がいる。ダイが七〇%、ヘルスワーカーが三〇%である。SEWAの健康・保健センターで組合員の話を聞いた。

カムラベン（五五才）は、約二〇年間、ダイをしている。学校教育は受けておらず、一二才の時に一五才の夫と見合い結婚をした。ヒンドゥーのタコール（OBC）である。小さい台車で米や油菜などを売っていた。夫は心臓発作で二五年前に亡くなった。子どもが二人おり、SEWAのトレーニングを受けてダイになった。月に四～五回、妊婦を病院に連れて行って、出産の介助をする。SEWAのトレーニングによって、カーストを問わず、ハリジャンでも問題なくなった。病院から五〇ルピーもらう。家族によってはサリーや小麦をくれる。以前は男児が生まれると二五ルピーとサリーなどもらったが、女児の場合は何もなかった。しかし、最近は男女の区別はなく、無事に生まれると喜ばれる。娘のほうが両親を助けるから息子よりもいいという家族もいる。

同じくヒンドゥーのタコールのサビタベン（四五才）は、一五年前にSEWAのトレーニングでダイになった。学校は二年のみで、カムラベンと同様に一二才で一五才の夫と結婚した。一エーカーの土地があるが、夫婦で日雇い農業をしていた。夫は五年前に肺病で亡くなった。三人の子どもがおり、一六才の末娘を含めて全員が結婚している。ダイとしては、SEWAのワクチンのキャンプの手伝いをして、一日二五ルピーをもらう。また、昨晩も妊婦を病院に連れていき、女児が生まれた。私立病院なので一〇〇ルピーをもらった。月に四～五回、病院に連れていって出産を手伝う。トレーニングによって変化したことは、出産用には新しい木綿の布を使い、手も洗って清潔にすること、男女は平等だと村人に説明すること、それによって村人からも尊敬されるようになったという。

彼女自身の一五才の時の初産も、実家でタコールのダイに取り上げてもらった。男児だったので、二五ルピーとサリーと小麦一キロを渡した。後の二人は病院で産み、その時に家族計画手術を受けた。二〇〇ルピーをもらった。

ジャブリベン（五五才）は、SEWAダイ組合の当初からの活動家で、委員を続けている。ヒンドゥー高カーストのパーテルである。学校には行っていない。一八才の時に二一才の同カーストの農民と結婚したが、二年で離婚した。兄が亡くなり、ただ一人のきょうだいだったので、実家に帰って両親の世話をしなければならなかった。二〇年前にＳＥＷＡのトレーニングを受けてダイになった。以前は男児が生まれればお金やサリー、米などをもらったが、女児の時は何もなかった。後産の処理も村の外れに穴を掘って埋めなければならず大変だった。現在は病院が処理してくれる。この五年間、自宅出産はほとんどなく、月に二〜五人を病院に連れていって介助する。病院に産婆はいないので、一回につき五〇ルピーをもらう。以前は政府がダイに出産介助用の道具やお金をくれたが、ＳＥＷＡのトレーニングで病院へ連れていくように指導された。以前もむつかしいお産の時は病院へ連れて行ったが、現在は安心だ。

以前は女児殺しもあったが、自分はＳＥＷＡのトレーニングを受けたので、経験はない。家族に頼まれて殺していたダイも今は殺さなくなった。生理中は食事の用意やプージャはしないが、ダイの仕事は家で入浴してから行けば問題ない。自分はもう生理はないが、村人には、穢れなどの古い慣習は捨てるように言っている。また、妊婦の食事についてもタブーを捨て、栄養を摂るように教えている。

三人はいずれも寡婦である。ＳＥＷＡのトレーニングを受けてダイになっているので、村の伝統的なダイとは異なる。しかし、彼女たちは月に四人の出産介助をしても収入は二〇〇ルピー程度である。病院まで連れていく時間を考えても、日雇いの労働にも見合わない金額であり、ふだんは生活のために日雇い農業をしている。村ではカーストを問わずにつきあいがあり、ワクチンや保健教育などの補助もしており、村人に尊敬されているというが、ダイの貧困の現実はインドの女性の生殖の権利の低さを示している。政府の家族計画手術の施策によって農村と都市を問わず、貧困層が軒並みに不妊手術を受けていることも、ダイの収入減になっている。

七　インド東部の西ベンガル州の場合

（一）コルカタとアルニーマ・ホスピス

1　コルカタについて

コルカタ（旧カルカッタ）は西ベンガル州の州都である。かつてのイギリスのインド植民地の首都である。グジャラートのアフマダーバードを拠点としたM・ガンディーの非暴力の独立運動に対して、武装による反英・独立闘争の中心地になった。それを嫌ったイギリスは一九一一年に首都をデリーに移した。一九四六年のインドとパキスタンの分離独立に際してのカルカッタでのヒンドゥーとムスリムの衝突、大規模な虐殺は、その後のインドの進路およびコルカタに大きく影響した。当時、ガンディーはベンガルの村から村へと一人歩き、カルカッタでも暴動の多い地区に泊まり込んで、コミューナル衝突を止めたが、やがて暗殺されたことは周知である。

現在のコルカタは人口四四八万人（二〇一一年）、ハウラーなど周辺の多くの衛星都市を含めるとデリー、ムンバイにつぐインド第三位の都市である。宗教人口でみると、ヒンドゥーが七七

・六％、イスラームが二〇・二七％、キリスト教が〇・八八％、ジャイナ教が〇・四六％、その他が〇・七一％である。筆者は、南インドとの比較のために、西のグジャラート州と東の西ベンガル州を調査地に選んだ。二〇〇二年に同様のヒンドゥーとムスリムのコミューナル衝突を起こし、ムスリムに多くの犠牲者を出したグジャラート州では、SEWAの指導層を例外として、一般の知識層にガンディー思想を感じることはなかった。一方、コルカタでは、一九四八年から一九九七年までマザーテレサが宗教とカーストを問わずに極貧層の救済を実践した。ガンディーに対してはある種の後ろめたさを感じるベンガルの知識層も、マザーテレサについては、その思想がシスターやボランティアによって受け継がれていることへの安堵感のようなものがあった。激しい勢いで経済のグローバル化が進むなかで、新旧と貧富の格差がコルカタでもいよいよ顕わになっているからであろう。

　そこで、コルカタや農村部で貧困家庭のための社会奉仕活動を行っているキリスト教の組織を通してSHGのグループと面談した。プロテスタント系のキリスト教会は、インドでは北インド教会（CNI）と南インド教会（CSI）の二つの合同教会に組織されている。教会数では南インド教会のほうが遙かに大きく、財政規模も異なる。北インド教会は一九七〇年に創立され、二七の司教区からなる。一九五六年にコルカタ司教区から分かれたバラックポール司教区もその一つで、西ベンガル州の北・南二四パルガナ、ムルシダバード、ナディアの四県をカバーしており、二三の牧会区と一〇九の各個教会からなる。このバラックポール司教区に一九九四年に社会奉仕部（ＤＢＳＳ）が創られ、二〇〇五年に西ベンガル州にＤＢＳＳとして登録された。いわば教会系のＮＧＯであり、一〇人のスタッフ（男性九人、女性一人）がいる。このＤＢＳＳはベンガルの農村部でＳＨＧづくりにも関わっている唯一のＮＧＯであるという。男性スタッフが多いことが気になったが、農村部で働くためには女性は無理らしい。

2　ＨＩＶ感染者のＳＨＧ活動

アルニーマ・ホスピスはＨＩＶ／ＡＩＤＳの感染者や患者およびＨＩＶ／ＡＩＤＳと共に生きる家族を支援するキリスト教系の団体で、北インド教会のバラックポール司教区の傘下にある。コルカタのD. H. Roadにあるセンターは二〇〇六年に設立され、現在、三才から一六才の二六人の孤児と二七人の大人が共同生活している。全員が感染者か患者である。アルニーマはベンガル語で「昇る太陽」を意味する。

　アルニーマはとくに女性と子どものためのホスピスケアを西ベンガル州のさまざまな州で実施している。女性や妊婦と新生児、子どもの検査と感染者の治療とサポートである。二〇一一年に書かれたリポートによると、[44]これまでにコルカタでは八八人の女性と七〇人の男児、六五人の女児、南二四パルガナ県では一八人の女性と四人の男児、九人の女児、ハウラー県では九人の女性と一二人の男児、七人の女児など、合計で、女性一四一人、男児一〇七人、女児九二人が治療とホスピスケアを受けている。

設立時からアルニーマは五〇人以上の患者を亡くした。ほとんどの場合、夫婦がともに亡くなり、子どもが見捨てられる。エイズに対する社会的なスティグマや恐怖心から、残った家族がこれらの子どもを養育しないためである。西ベンガル州にはこのような子どもたちのための施設がほとんどない。そこで、アルニーマは孤児になった子どもたちのためのシェルター、無料の教育、職業訓練などを提供している。現在ホスピスで暮らして学校に通っている二六人の子どもたち以外にも、五人の少女が聖エリザベス・ガールズ・ホステルで学んでいる。年長になってきた子どもたちの為に男女別の建物が必要になってきているのである。

アルニーマ・ホスピス

　また、ＨＩＶ／ＡＩＤＳと共に生きる人々（ＰＬＷＨＡ）のために、カウンセラーとボランティアのチームが家庭訪問をして、薬だけではなく健康と衛生面のアドバイスや情報、政府の病院施設ともつながりをつけている。学校などでのＨＩＶ／ＡＩＤＳの啓発活動も行っている。アルニーマの創立者で事務長のスヴァブロータ氏によると、ＨＩＶ／ＡＩＤＳの感染者数は、州政府は否定するが、西ベンガル州では増加しているという。

目下、アルニーマが緊急に取り組んでいるのが、セックスワーカーのグループづくりとＨＩＶ検査、感染者に対する啓発プログラムである。コルカタは商業セックスワーカー（ＣＳＷ）が多いことで知られる。住民なら誰でも知っている売買春地区もある。それらの地区でアルニーマのグループ会員になったＣＳＷは約三五〇人である。ＨＩＶ検査によって二五人が感染者とわかった。カルナータカ州のコーラール県の場合で述べたように、セックスワーカーの場合は、ＳＨＧとは少し規則が異なるが、同様のマイクロクレジットのグループづくりが可能である。しかし、コルカタではグループづくりによるＨＩＶ検査は困難だという。

筆者は、そのような地区の一つを訪問して、客が来る前の時間帯に集まってもらって面談した。全員が感染者で、しかも年配のセックスワーカーである。一間だけの家がズラリと並んだ小路で、客が来ると、ピンプや子どもは家を出る。売春についてはどのような質問も構わないが、感染については決して口にしないようにと、アルニーマの担当スタッフに注意されていた。客にはレギュラーとヴィジターがあるが、合わせても収入は月に二〜三〇〇〇ルピーである。定価はなく、年をとったので値切られるという。生理中は七日間、客を取ることができない。生理中の禁忌を守って、石けんもシャンプーも使わず、むろんプージャ礼拝もしない。感染がわかっても食べるために客を取り続けている女性たちに対して、うまく質問が出なかった。客には妻も子どももいるだろう。

この女性たちが性行為によらずに経済的に自立するためには、どのような起業が可能だろうか。客が来るというので、小便臭くて入り組んだ路地を抜けて、表通りに出た。

一方、ホスピスに暮らしている大人の女性たち一〇人が、二〇〇九年にSHGをつくった。月毎に一〇ルピーの貯金だが、それでも積み重なって今では各人が三九〇ルピー、グループ口座には六〇一四ルピーの貯金ができた。オリエンタル商業銀行に口座を持っている。グループはビーズ製品をつくって、毎年のホスピス祭りやその他で販売している。筆者もウサギのキーホルダーを五〇個注文した。机の上に立てると、色とりどりのウサギの鼻がきゅんとして可愛い。ビーズ製品をつくっている若い女性たちの表情が明るかった。彼女たちはここで一緒に暮らす孤児たちの面倒をみて、食事づくりやトレーニングも担当している。仕事内容によって異なるが、月に一五〇〇から二五〇〇ルピーを報酬として得ている。シェルターを頼ってきた感染者ではあるが、精神的に落ち着くと、スタッフとして働けるのである。

(二)「HIVに感染して」(個人面談のケース⑧)

デイパリ(仮名)はムルシダバード県の村の生まれで、二〇一二年二月現在、三〇才である。学校は一〇年卒で、一八才の時に母親の勧めで見合い結婚した。夫も同じカーストのバイシャ

（ＯＢＣ）で、二七才だった。豆などの卸売りの仕事をしていた。ところが二〇〇六年に夫がコルカタの病院でエイズとわかった。手遅れで、二〇〇七年に病院で死亡した。彼女の両親も二〇〇六年に亡くなった。夫の死後に検査を受けて、彼女も感染していることが分かった。当時三才の娘は大丈夫だった。事実を知っている人は少ないが、エイズのスティグマから、娘を置いて村を去らなければならなかった。娘は義母がみている。

ディパリは浮浪者のようになってコルカタの街をさまよっていた時に、幸運にもアルニーマに保護された。ショックからＰＴＳＤを発症し、現在でも当時のことを語ることができないが、薬が効いて、ＣＤ四細胞数は下がった。今はアルニーマのスタッフとして、子どもたちの面倒をみている。ＳＨＧをつくり、そのリーダーでもある。三ヶ月に一度は村へ帰り、娘に会っているという。

ムスタリ（仮名）は北二四パルガナ県の村の生まれである。一八才の時に父のすすめで、同じスンニ派のムスリムと見合い結婚した。学校は五年卒、夫は一〇年卒で、布の販売をしていた。しかし、翌年の二〇〇五年に夫がエイズとわかり、二〇〇六年に死亡した。夫と一緒に検診を受けて、彼女もＨＩＶに感染していることがわかった。家族は良かったが、村人の差別で村にいられなくなった。そこで、実父がアルニーマのことを知って、二〇〇七年に娘をここに連れてきた。彼女は現在、二五才で、ＣＤ四数が低く、薬の必要もなくなった。村の家族の元へも行き来している。治療中は手に力が入らなくて苦しかったが、今はここで子どもたちの世話をして、給料もらえて幸せだという。二五才と若いので、再婚について聞いてみると、現実にはむつかしいから再婚願望はないが、もし可能なら、五年以内に自分の家をもちたいと答えた。

（三）ベンガルの農村のＳＨＧ活動

北インド教会のバラックポール司教区のＤＢＳＳがつくった区域内のＳＨＧの総数は一二八で、女性グループが一一七、男性グループが一一である。二グループを除いて、すべて二〇〇〇年以降にできたグループである。二〇一二年九月時点の会員総数は一五七三人（女性一四三一人、男性一四二人）である。受けとったローン総額は約一七六万ルピーである。西ベンガル州の四県という区域の広さを考えれば、少ない数字である。しかし、その広さのせいでスタッフが足りずにＤＢＳＳが手を引いた村であっても、ＳＨＧ活動が続行し、女性たちの手でさらにグループが増えている村もあるので、この両者について報告したい。

南二四パルガナ県のマグルカーリ村には七つのＳＨＧがあ

南24バルガナ県のパンチャヤート事務所

る。緑濃いベンガルの農村地帯である。村の中はほとんどの家に自家用のため池があるほどで、多くの池を縫うように曲がりくねった細い道を歩く。池の中で沐浴している人や洗濯している女性たちの姿もある。排気ガスと騒音まみれのコルカタから訪ねると、息がでるほど懐かしく、美しい自然である。雨期には歩くのが危険だろうと思われるが、村をつなぐ川沿いの細い道はうまく舗装され、所々にポンプ式井戸もあり、女性たちが水汲みをしている。村の青年たちの集会所だという新しい小屋も川沿い建っている。住民運動の力で村が変わっていることがわかる。

マグルカーリ村のSHGの特徴は、全部がカースト混成グループだという点にある。DBSSがヒンドゥーSCではないキリスト教の団体だという性格もあり、スタッフを通して政府系の住民運動ともリンクしている。南二四パルガナ県にはMARSという県レベルの住民組織(People's Organization)がある。会員は四〇六一人（女三一九三人、男三一五人）で、子どもの成長発展計画、幼児用給食、困窮者への分配計画、マハトマ農村雇用保障法の実施などに取り組んでいる。

村で一番早くにできたのがアグラニSHGで、二〇〇三年に会員一五人でスタートした。ミーティングは月毎で、各三〇ルピーを貯金する。グループの貯金高は約四万七千ルピー。その内、サガール銀行の口座には一万四千ルピーあり、他は現金でグループ内にある。つまり、グループ内のローンとして動いている。グループは銀行ローンの一三万ルピーを借りたが、まだ七万九八〇〇ルピーを返済しなければならない。カーストの混成グループなので、ヒンドゥーSC用の特別補助金はない。このグループに二〇〇八年に加入したベダーナ（推定三五才）は、ヒンドゥーSCで、一八才で結婚し、一八才の息子と一五才がいる。二人とも学校は五年で中退。夫も学校教育はなく、大工の手伝いをしている。二〇一一年に夫と息子と一緒に池で魚の養殖を始めた。そのためにローンで七万二千ルピーを借りたが、返済はこれからである。ベダーナによれば、グループに入れたことで、会計のことがわかり良かった。村人との関係もいい。村にあった酒店はほぼ閉まり、男たちの飲酒は減ったという。

二〇〇三年に続いて、四年と五年に各一つ、そして二〇〇八年に四つのグループができた。その一つのニシャ・グループは二〇〇八年に一〇人で結成、月毎のミーティングで各三〇ルピー貯金する。つまり、DBSSの担当スタッフが来て、この村の全部のグループが一緒に集まるのである。貯金額も同じである。基礎トレーニングもそこで行われる。九三人全員が揃うことはないが、参加できなかった会員は貯金額を預けるか後日に支払う。ニシャの銀行ローンは一〇万ルピーで、まだ五万一千ルピーの返済残高がある。グループの貯金高は約三万四千ルピーだが、その内の銀行残高は一万一四〇〇ルピーである。

アニマ（二九才）はニシャ・グループの会計である。ヒンドゥーの「その他の後進諸階層」で、学校は八年卒。一七才の時に叔父の家の結婚式で出会った太鼓叩きのミュージシャン（当時二四才）と恋愛し、この村へ嫁いできた。一六才と一一才の二人の娘がおり、二番目ができた後に家族計画手術を受けた。息子でも子どもはもういらないという。アニマの義母も会員で、義母が中心になって、家でケチャップ、チリソース、酢などを造って、瓶詰めにして販売している。瓶を回収して、洗って、詰める作業もしている。現場を見たが、ため池の横のポンプから出る水が茶色で、衛生面が心配になった。一ヶ月につき一万から一万二千ルピーの純益があるという。ソースづくり用に一万四千ルピーをグループから借りたが、すべて返済した。生理中でもソースづくりは問題ないが、カスンディというチャツネ（マンゴーなどをすり潰した漬物）だけはつくれない。食事の支度とプージャ（礼拝）もしない。アニマはグループに入ってから、銀行やパンチャヤート事務所、ＳＨＧ担当の役所に一人で行けるようになった。ただ、一家の決定権は義母が握っているので、夫よりも義母とのトラブルがあるという。

マグルカーリ村とは対称的に、ＤＢＳＳは撤退したが、本書の冒頭で述べたような一九九九年にインド政府が貧困ライン以下の農村の家族をＳＨＧによって自営させようと始めたＳＧＳＹ（Swarnajayanti Gram Swarojgar Yojana）グループを自主的に結成、活動しているのが、北二四パルガナ県のアーナンドナガール村である。この村に住んでいる元ＤＢＳＳのスタッフ男性による協力も大きい。コルカタ市の北に位置する北二四パルガナ県は南二四パルガナ県と違って、公共バスや鉄道もあり、交通の便がよい。マグルカーリ村が比較的にコルカタ都市圏に近いことも理由だろう。バングラデシュなどからの多くの貧しい移民が道路脇に住みついているという村を訪ねると、ここが村かと驚くほどに変化していた。村の奥に入って行っても農地がほとんど見当たらず、建設ラッシュのように工事中の家が多い。

この村のヒンドゥーSCの居住区にDBSS系の四つのグループがあり、互いに協力し合っている。最初は二〇〇三年にDBSSによってつくられたグループで、ミーティングは月一回で、貯金も二〇ルピーのみだが、現在も一二人で活動している。起業としては、縫製、花売り、布店、儀式用の料理つくり、鶏の飼育（卵）、牛の飼育（ミルク）などである。ほとんど会員が個人または数人が一緒にやっている。二〇〇四年にDBSSが撤退してから、二〇〇四年、五年、六年と三つのグループができた。すべてSGSYグループである。

二〇〇四年に一〇人で結成したラムクリシュナSGSYグループは、最初のトレーニングを元DBSSスタッフから受けたが、後は自分たちでやってきた。リーダーのスワパン（二九才）は、この村の生まれで、一六才の時に同じ村の電気工の夫（当時二四才）と恋愛結婚した。彼女は八年卒、夫は四年中退である。一二才と一〇才の息子が二人おり、家族計画手術を受けている。グループは月二回のミーティングで、毎月三〇ルピーの貯金をしてきた。各個人の貯金は二六八〇ルピーであるが、グループ貯金高は七万二千ルピーになった。グループ内ローンの利子や銀行ローンによる利益、起業の利益がグループ口座に入っているからである。

例えばスワパンの場合、夫と一緒に電気工事の商売をするためにマイクや照明の道具などの購入資金にグループから一万ルピーを借りて返済済み、銀行ローンから九万五千ルピーを借りて、これは返済中である。グループの起業としては、一〇人が一緒に、ため池での魚の養殖、鶏の飼育（卵）、山羊の飼育（ミルク）、縫製をしている。収益はすべてグループ口座に入れ、月毎に収入をメンバーで分配している。例えば、二〇一三年一月の卵とミルクの売り上げは一三〇〇ルピーだったので、各自が一三〇ルピーもらった。収入は月によって異なるが、スワパンの場合は、個人的に毎月五〇〇ルピーを貯金しているという。このように活動的なリーダーであるが、生理中はやはり三日間、チャツネなどピクルスの容器に触れないという。石けんやシャンプーにも触れない。むろんプージャはしない。

他のグループと会員も同様である。例えば、二〇〇六年に一二人でつくったプラティクSGSYグループも月二回のミーティング、月三〇ルピーの貯金で、グループの貯金高は五万四千ルピーになった。会計のチャンドラ（三〇才）は一七才の時にペインターの夫（当時二二才）と恋愛結婚して、一二才の娘が一人いる。共に学校は九年中退で、最初は娘を英語媒体の学校に入れていたが、経済的にも、親の学歴的にもついていけないので、州の公用語のベンガル語媒体の学校に転校させた。チャンドラ個人はグループから九千ルピーを借りて、布の店を始めた。まだ七千ルピーの残がある。また、グループとして政府からローン一三万六千ルピー（五万一千ルピーが補助金）を得たので、三人の会員が各一万五千ルピーを借りて、グループ起業としてマサラ（香辛料）の袋詰めと販売の店を一緒に始めた。チャンドラもその一人である。その他、会員の起業はミシンによる縫製が五人、スナックの店が二人、魚売りが一人である。チャンドラ自身は、マサラの店以外にも布の店と、家での朝晩の塾（四年生まで対象）もあり、超多忙である。

毎朝六時起床、一二時就寝だという。夫のための三度の食事の支度もある。良い夫だが、まったく家事をしない。

多忙ななかを集まってくれた四つのグループのメンバーに面談して気づいたことは、皆が生き生きと元気なことである。若いリーダーが中心になって読み書きできない会員のための識字教室もしてきた。昔は水汲みが大変だったが、パンチャヤートと闘って、水と道路の問題も解決したという。村全体が大きく変化して、今では上層カーストのヒンドゥーとも一緒に飲食できるようになった。男たちの飲酒も減ったという。しかし、まだ問題が残っているのは、盗難事件が続き、会員の夫たちが泥棒を捕まえて殴ったところ死亡したので、二人が警察に逮捕された事件である。会員が一緒に訴えて保釈されたが、一〇年後の今も裁判が継続中だという。インドの警察はダリットに対しては不公正で、このような事件を聞く度に、女性たちが頑張って働き、サバイバル程度に暮らしが向上するだけで大丈夫かという思いがする。

八　貧困女性の経済的自立 ― 成功と失敗の分岐点

南インドのタミール・ナードゥ州（ＴＮ）とカルナータカ州（ＫＮ）、および西インドのグジャラート州（ＧＪ）と東インドの西ベンガル州（ＷＢ）で、インド政府の施策である貧困女性用のマイクロクレジット自助グループが、貧困女性たちの経済的自立に役だっているかについて調べてきた。ＳＨＧグループがどのような自助グループ促進機関（ＳＨＰＡ）によって作られたかも重要なファクターである。グループ活動を左右するトレーニングの内容と目的がＳＨＰＡによって異なっているからである。ＳＨＰＡは、本稿で取り上げたものではＮＧＯ、政府、教会に分けられる。本調査では、草の根のダリット女性ＮＧＯによるタミール・ナードゥ州の奥深い農村部の場合、カルナータカ州ではダリット女性連合体による元金鉱地区の場合と州境の農村部の場合、同じくカトリック系のシスターによるダリット女性と子どもの支援運動の場合、また、グジャラート州では世界的にも著名なＳＥＷＡによる自営女性たちの協同組合と農村女性のグループづくり、そして、西ベンガル州では北インド教会の司教区の活動を通して、規模は異なるが、貧困女性のグループ活動の内容とその課題をみてきた。

では、彼女たちの成功と失敗を何によって判断するのが適切だろうか。

TNのメルマライヤヌル地区では、わずか一つのブロックに一〇年間で一〇〇〇のSHGがダリット女性NGOによって作られた。これは全インドでも例外的なことであり、その成果は歴史的にも大きい。何百年間も債務奴隷状態だった女性たちが、少なくとも自分たちでサバイバルする自信を回復した。村のグループが連帯して福祉活動をし、インターカースト婚を実現させる行動も行った。コミューナル衝突でNGOも入れなかった危険な地区が貧困女性の団結で大きく変わった。子どもの教育に熱心になり、満員の公共バスには無料パスで学校や塾に通う子どもたちの姿が多く見られるようになった。バスの中でダリットであるかどうかの違いがわからなくなった。一〇年間で地域全体が変化したのである。しかし、都市と遠く離れた農村部では、ダリット女性たちの起業はけっしてうまくは行っていない。政治がからんでいる

伝統の水曜市で税を集める仕事をするダリット女性のグループ

マハトマ全国農村雇用保障法でのんびりする村人たち

のである。ＮＧＯによる指導やチェックがなくなって以降のローン申請に関わる政府や銀行への賄賂や手数料、グループ自体による事業内容のごまかし、ローン返済のための闇金融の問題が起きている。これらは失敗というべきであろう。

それにもかかわらず、農村の貧困層が従来よりも楽になっている理由に、中央政府によるマハトマ全国農村雇用保障法（ＭＮＲＥＧＡ）の実施がある。二〇一〇年にまずＴＮ州とＫＮ州から実施されたこの施策は、農村のすべての貧困世帯に年間一〇〇日の公共事業の雇用を保障するというものである。二〇一一年には二〇〇日になった。二年間の期限である。筆者はすべての調査地で女性たちにこの事業について尋ねた。むろん地域によって違いがあるものの、中央の法律と地方の現実との間の距離の大きさを確かめた。本来、これは農村の貧困世帯対象の政策である。これまでは村人の奉仕活動で担われてきた、ため池や川、道路の補修などのパンチャヤート単位の仕事である。

ため池や道路の状態を見ると、パンチャヤートの良否がわかった。これを一律に公共事業として貧困世帯の雇用にしようという法律である。ところが、現実には資格者用のＩＤカードは地区の役所（ＢＤＯ）が発行するので、メルマライアヌル地区の場合、高カーストも地主も歩くことが困難な老人も病人も参加していた。しかも大半の人間はただ座ってしゃべっている。筆者は何度もその楽しい光景を見かけて写真を撮ったが、女性たちは喜んで手を振ってくれた。

ＭＮＲＥＧＡは全国一律、日当が一〇〇ルピーの規定である。ところが規定よりも人数が多く出ており、しかも役人用の賄賂に各人の分から五～一〇ルピーが使われるために、九時から二時の「労働」で、全員が七〇ルピーないし六〇ルピーをもらう。仕事をせずに日当がもらえるから、誰も文句を言わない。配給カードを持参して、ＩＤカードに日付を入れてもらい、それが一〇〇日になると、もう一〇〇日がもらえる。メルマライヤヌルは五五のパンチャヤートがあるので、役人が決めた通りに幾つかを順番に行うが、各世帯が年間二〇〇日だから、同じ所を何度も、ゆっくり仕事をしても十分である。いつも働き者のダリット男性に聞くと「今日もパンチャヤートの議長の家から彼の畑までの道路整備をした」という具合である。ふだんは外の仕事には出ないムスリムの女性がＩＤカード欲しさに参加して病気になり、七〇ルピーもらった代わりに一ヶ月間病院通いになったと語った。これも本来は銀行振り込みでそのための口座を各人が持っているのだが、誤魔化しを隠せるように役人が現場で現金で渡す。受け取るほうも喜んでいる。

ＫＮ州のコーラール県では、大型機械を業者から買って、業者が仕事をして、当事者の貧困世帯はわずかの一時金をもらって、日当を得たように署名をさせられている所もある。ＧＪ州のボデリでは、まだ施策が実施されていないので、待ち望んでいる女性たちの声を聞いた。当初はＮＲＥＧＡであったが、村の自立をインド独立国家の基礎にしようとしたマハトマ・ガンディーにちなんでMの頭文字が当時の与党の国民会議派によって追加された。しかし、大半の村人はそれがどのような名前なのか、中央の法律なのか、州の法律なのかも知らない。その日暮らしの貧困世帯には、期間限定の政策であるという認識もない。

関連する大きな問題は、ＳＨＧの定例ミーティングが、それまで規則通りに週毎に行っていたグループでも、月一回になってしまったことである。ＭＮＲＥＧＡによって日雇い労働者の不足が起こり、女性たちは日雇いでも忙しくなった。また、たとえ六〇ルピーでも、安易に現金収入を得られることがＳＨＧグループの性格を変えたのである。農村にお金が回り始めた。

では、このような政府の政策にも助けられて、貧困女性は経済的に自立し行為主体性をもてるようになっただろうか。手にした現金は女性たち自身が必要とし、自分が選択した商品の購入あるいは商品づくりのために使われているのだろうか。夫や役人や村議会などの男性がプロジェクトの内容を決定し、その結果の責任を女性が負わされているのではないだろうか。テレビのコマーシャルに踊らされてメーカーの歯磨きやシャンプー、石けんを購入し、娘のダウリー用のゴールドを購入していないだろうか。また、活動的なグループも、ローン返済のために、女性たちだけが多忙になったのではないだろうか。ＳＨＧにも参加できない、あるいは参加しても債務不能で失敗している極貧層の女性たちがいるのではないか。これらは調査を通して、筆者が抱いた危惧である。

また、政治的な問題も大きい。TN州のアヴァルーペット村で、ヒンドゥー寺院境内での伝統的な水曜市の入場税集めを村のダリット女性のSHGが請け負ったこと[45]、幾つかの村でダリットのグループが政府の配給所の責任を請け負ったことなど、一時的に大成功した画期的な事業がなぜ続かなかったのか。これらの事業の失敗は、経済的利害がからんだ時の農村の既成権力層の強い抵抗を示している。従来のカースト制の慣行を破ったダリット女性たちの活動は、それによって利益を得た関係者や村人からは感謝されたが、ほとんどが巧妙に内部分裂させられたのである。最下層の貧困女性の自立は、ベンガルの農村でも見たように、村の秩序を壊さず消費生活でも活気づくならば歓迎されるが、それ以上の力を発揮するのは外部からの強力な支援がないかぎり困難である。

二〇〇六年にインドはNGOのつくったSHGをすべて政府直轄へと変更した。SHGづくりの困難な時期が終わって、グループが増え始めたことや、グループ数の増加によってNGOに支払われるSHGトレーニング用の経費（交通費と食事代）が増え、NGOがその金を流用しているということが理由とされた。実際、そのようなNGOもあったかもしれない。しかし、SHGの口座に行政から直接に経費が振り込まれるようになると、今度はグループがお金だけもらって政府のトレーニングを受けない。あるいは役人も個別グループの事情がわからない上に、取引の数字上の成果を挙げることだけを目的にしたから、問題がなければ、賄賂などで見過ごした。

一方、ローン返済に苦しむ個人やグループは二重、三重のローンを重ねる。政府補助金という餌で役人や代理人に騙されるのである。明らかなことは、貧困女性のSHG活動の成功のためには、単に貯蓄とローンではなく、グループの意思決定力が充分にエンパワーされていなければならない。しかし、金銭がからむだけにこれは簡単なことではない。

村の貧困女性の自立を目的に、日常生活に根ざした具体的なトレーニングを行ってきたWOLDのような女性NGOは生き残りが困難になっている。資金源のある大きなNGOは自らがマイクロ・ファイナンス機関（MFI）になるか、資金のないNGOはローン申請手続きの手数料（例えば、申請ローン額の五％）をグループから得ることで生き延びるしかない。しかし、金融機関の側からすれば、銀行であれアンドラ・サンガのようなMFIであれ、貧困女性たちが借りるローンは最安の資金源といえる。連帯責任によるローンの高い返済率だからである。インドのSHGプログラムは今や世界各国から視察団がくるほどのモデルである。しかし、「誰のためのSHGか」という批判[46]もあてはまるだろう。

グローバル経済下、SHG施策で貧困と格差の問題に対応できるかという疑問もある。たとえば、グジャラート州はヒンドゥー・ナショナリズムのインド人民党（BJP）の政権が続いている。二〇〇二年の「ゴードラー列車放火事件」後[47]に、州内各地の都市で大規模なコミューナル衝突が起きた。二月二八日にはアフマダーバードのナローダで九七人のムスリムが虐殺されたのだが、この事件に対して二〇一二年九月にインド最高裁の判決が出た。ナローダ選出のＢＪＰ州議会議員で元大臣のマーヤ・コダーニと著名なヒンドゥー至上主義者のバジランギが実質上終身刑の判決をうけた。事件に関与したとしてナレンドラ・モディ州首相（現インド首相）の責任も問われたが、モディ州政権は揺るがずに続いた。

一方、二〇〇二年にこの事件によってＳＥＷＡの会員は倍増した。これはイラ・バットを中心に指導層の勇敢で適切な対応によっている。コミューナル衝突や外出禁止令によって最も被害を被るのは貧しい自営の、その日暮らしの女性たちだからである。宗教の違いはない。現在、ＳＥＷＡは各地に小さな平和センターをつくり、ムスリムとヒンドゥーが一緒に学び、職業訓練を受ける場所を設けている。ＳＥＷＡの強みは、一口に「一〇〇万人会員」と言われる女性たちの共同体サンガムであり、ＳＥＷＡ銀行がその要にある。

しかし、グジャラート州には、なおＳＥＷＡにも入れない貧しい女性たちがいる。筆者は二〇〇八年にナローダ地区のムスリムのスラムを訪ねた。暴動の時のＰＴＳＤを抱えながらも、二〇〇七年にカトリック教会の支援でＳＨＧが一つできていたからである。その女性グループの目的は二五人が毎月三五ルピーの貯金をして、ＳＥＷＡの保険に加入することだった。貯蓄の方法を教えるＳＥＷＡの活動は、女性たちに安心をもたらしている。しかし、ＳＥＷＡ会員も口にする物価高、高い教育費、高等教育を受けた女性だけが就くことができるＳＥＷＡのオフィス・スタッフという現実がある。ローカル・オーガナイザーは尊敬を受けていても、給料は非常に安い。産婆も同様である。グジャラート州の待ったなしの経済発展政策とジェンダー再編に対して、組合員の要望に沿いながらＳＥＷＡは今後、どのように拡大していくのだろうか。

農村であれ都市であれ、社会底辺の女性たちにとっての経済的自立とは、まず社会や夫からの暴力に対して、また飢えからも、自身と子どもの身を守ることのできる安心を具体的に確保できることであろう。ＳＨＧが有効なのは、女性たちが互いに協力して自立のための活動ができることにある。それによって成功したグループは地域にも変化をもたらしている。一方、お金本位になってしまい、グループのエンパワーの基本である人間関係が崩れることで失敗しているケースも多い。貯金高とローンと返済のみをグループ評価の基準にして指導する政府と行政や金融機関の責任も大きい。消費経済のなかで上昇志向のみを煽られると、グループは着実に自立する余裕のないままに、男性の意思決定によるプロジェクトに乗ってしまうからである。貧困女性のＳＨＧの成功と失敗の分岐点は、会員の自立的で協同的な意思決定力の如何にあるといえよう。

九　おわりに

経済成長という大きな変化のなかにあるインドを、差別と極端な貧困、そして日常的に性暴力に晒されて生きているインドの底辺女性、とくに農村の被差別カーストの女性たちに焦点を当てながら、マイクロクレジットＳＨＧを通して調査してきた。ダリットという言葉を使わず、特定の不可触民カーストのみをハリジャンとよぶＳＥＷＡのような女性組合もある。ダリットは政治的な用語であるとして、もっぱらヒンドゥーＳＣ（指定カースト）を使うベンガルの場合も、クリスチャン人口が少ないから可能である。南インドのように「指定」の保護を得られないダリット・クリスチャン人口が多い土地と、グジャラートやベンガルのような土地では、キリスト教系のＮＧＯによるＳＨＧづくりにも違いが見られた。

面談中心に調査を行ったが、どの土地であれ、面談相手の気持ちを聞くことを優先した。事実かどうかよりも、話し手がどのような気持ちで語っているかが大事である。彼女のＳＨＧ参加と活動がどのように有効だったか、どのように生活と生き方が変化したかを聞いた。時には通訳と英語での言い争いになったが、そのような時ほど、面談相手のほうが私の意図を察して、正直に答えてくれた。若いエリート女性が通訳の場合にこれが起きる。プロではない通訳は「聞くまでもないことだ」、あるいは「自分のほうが知っている」と思い、通訳せずに直接に英語で私に答えようとする。しかし、たとえ答えは同じだったとしても、面談相手がどのような表情で答えるかを私は見逃さない。また、実際に通訳が知らないことのほうが多いのである。同じ国民だ、あるいは同じ州の人間だ、というだけで理解できるほど単純ではない。

差別と貧困と暴力の体験者はあくまでも個々人であり、回復のプロセスもまた個々人のものである。回復がＳＨＧという同じ村内の女性グループの結成によって、どのように可能になったか、それにより家族だけではなく村社会と政治はどう変わったかを筆者は調査してきた。差別と貧困と暴力を体験するのは個々人であっても、それを起こす構造は共同体的だからである。

今回の調査では商業売春で働く女性たちも面談したが、一般のＳＨＧ会員からもＤＶだけではなく、さまざまな性暴力の実態がでてきた。幾つかのケースを挙げたように、現在のＳＨＧではたとえ数がさらに増加しても解決できないだろう。インド全土で深刻な性暴力は性のカースト制と切り離せないからである。ダリットやアディヴァーシー（トライバル）の女性や子どもたちが上層カーストや自分たちの男から日常的に被っている性暴力については、これまではメディアも無視し、警察と司法や行政もむしろ加担してきた。しかし、グローバル経済によって都市化がす

1800年創立のセランポール大学

すみ、女性の高学歴化によってジェンダー再編がすすむと、外で働きはじめた上層カーストにも性暴力の犠牲者が増え始めた。

二〇一二年一二月にニューデリーで起きたバス車内での集団強姦事件は国内外のメディアで大々的に報じられた。被害者の学生が亡くなったことで、抗議のデモが全国に広がり、インド政府は強姦罪に死刑の適用まで検討している。これまでも強姦罪は終身刑だったが、裁きの実態とはかけ離れている。インドの首都ニューデリーは「レイプ都市」と呼ばれるほど、働く女性にとって危険な都市となっている。男性たちの女性軽視、性のカースト意識が変わっていない証拠であろう。例えば、グジャラートのＳＥＷＡの場合でも、ＳＥＷＡがしっかりと根を降ろしているアフマダーバード市ならともかく、デリーＳＥＷＡの会員に起きる性暴力事件にはＳＥＷＡも対応が困難である。アフマダーバードではＳＥＷＡに協力的な警察もデリーの事件には「管轄が違うから」と取り組めない。

ダリットやアディヴァーシーなどの下層カーストの女性や貧しい地方でおきる事件を軽視する

社会は、やがて被害が自分たちに及んできて始めて気づくことになる。一方で、高額のダウリー（持参金）や「名誉の殺人」がダリットなど農村の下層女性にも及んできている。経済発展が性的な暴力を助長しているのである。筆者はインドの中でも最も良い意味での変化をおこした地域を中心に調査した。SHGの女性たちは困難を抱えながらも次のステップへと向かっている。しかし、女性NGOの活動やSHGが盛んでない州や地域の状況は、冒頭で述べたような女児の中絶、女児殺し、ダリットの子女への残虐行為など、はるかに深刻である。グローバル経済と軍事主義が世界を覆っている今日、インドだけではなく世界の下層に置かれた女性たちが真に経済的に自立できることこそ緊急の課題であると考える。

注

1　国連の人間開発報告書一九九五年「ジェンダーと人間開発」は「貧困は女性の顔をしている。世界の一三億人の貧困者の七〇％は女性である」と述べている。

2　ダリットとは「砕かれた者」の意味で、カースト制の最下層の「不可触民」をさす。

3　アディヴァーシーとは「はじめの人」の意味で、インドの先住民族をさす。「トライブ」（部族）が行政用語であるが、本稿では総称としてアディヴァーシーを使う。但し、「指定部族」

（ST）にはクリスチャンなども含まれる。

4 インドの学校教育制度は、初等八年、中等四年、高等三年の三段階になっている。初等の義務教育は最初の五年間と後期の三年間に分けられる。中等も前期二年と後期二年に分けられる。高等三年卒が学士となる。中等教育では州レベルの試験があるために、とくに農村部では一〇年卒、プラス二年（一二年）卒が高学歴者となる。中等教育の学校には行っても、最終試験に受からなかったドロップアウトが多い。一方、英語媒体の私立学校は幼稚園からあり、知識階層や富裕層の子どもは英語媒体で教育設備も整った私立学校で学ぶ。

5 インドにおける識字率については、国連開発プログラムのリポート、および"Gender Equality and Women's Empowerment in India" by National Family Health Service（NFHS－三）India 2005-06, International Institute for Population Sciences, Mumbai によれば、一五から四九才の貧困層の女性の識字率は一九％で、男性は四七％である。同年齢層の女性全体を都市と農村で比較すると、都市が七五％、農村が四六％である。二五頁。

6 アルンダティ・ロイ『誇りと抵抗 ― 権力政治を葬る道のり』加藤洋子訳、集英社新書、二〇〇四年、八－九頁。

7 ウェブサイト、Primary Census Abstract, Census of India 2001、http://www.censusindia.gov.in　なお、インドの国勢調査は十年毎である。

8 ロイ、同上、一三五頁、R.Rangachari et.al.,"Large Dams: India's Experiences: A WCD

Case Study Prepared as an Input to the World Commission on Dams", Final paper : November 2000, p.116-117, Online at http://WWW.dams.org/studies/in/

9　インド・ダリット女性連盟（ＮＦＤＷ）の第三回タミール・ナードゥ州リーダーシップ・トレーニング（二〇〇八年六月一二－一四日）の資料より。

10　ヴァルナは「色」を意味し、日本では四姓として知られる。その下に第五のヴァルナとしてアウトカーストがある。ジャーティは「出自」を意味し、現実のカーストにあたる。ヴァルナはイデオロギー的意味合いが強く、自分たちのジャーティがどのヴァルナに属するかは、最上位のバラモンと最下位のアウトカーストを除けば、よく知らない人が多い。

11　インド憲法に明記されたが、さらに罰則を定めた法令が出された。The Scheduled Caste and The Scheduled Tribes (Prevention of Atrocities) Act, 1989, The Scheduled Caste and The Scheduled Tribes (Prevention of Atrocities) Rules, 1995, The National Commission for Scheduled Tribes (Specification of Other Functions) Rules, 2005.

12　優遇措置としての留保（reservation）とは、指定カーストや指定部族に対して、公的雇用、教育、立法議会議席数を割り当てること。その他の後進諸階層への留保枠では議会議席数は含まれない。

13　二〇〇一年の国勢調査の宗教別人口では、ヒンドゥー八一・四％に対して、ムスリム一二・四％、クリスチャン二・三％、シク一・九％、仏教徒〇・八％、ジャイナ教徒〇・四％である。ヒンドゥー以外はそのカースト構成は統計上不明であるが、ジャイナ教徒を除けば、ダリットが圧倒的多数を占める。ヒンドゥーのSC（ダリット）は一六・五％、STは八・二％である。インドのダリット総数は、少なく見積もっても三・五億人を超えると推定される。

14 留保枠に入ることを求めるカースト集団の多さに対して、そのような制度枠そのものに反対する高カースト中心のヒンドゥー・ナショナリズムについては、本書の補遺を参照されたい。拙論「インドにおけるジェンダーとヒンドゥー・ナショナリズム―ダリット女性解放の視座から」（プール学院大学研究紀要、四八号、六一―七二頁、二〇〇八年）より。

15 アマルティア・センは、ヒンドゥー・ムスリム暴動による犠牲者の階級分布についても、階級的背景を考慮しない優遇施策が効果的ではありえないことを指摘している。セン『議論好きなインド人』佐藤宏・粟屋利江訳、明石書店、二〇〇八年、三五四―六頁

16 「不可触民解放の父」と言われるB・R・アンベードカルは、独立国家の憲法の起草委員会の長として、不可触制を廃止し、カースト差別を禁じ、男女平等を盛り込んだ憲法を成立させたのだが、カースト間の婚姻禁止条項ならびに相続法が削除されない限り、現実のカースト差別はなくならないと考えた。一九五一年に改定案を提案し、その削除を求めたが、保守的な民族主義者の反対で通らなかった。ネルー首相は法案を取り下げ、それに抗議したアンベードカルは法務大臣を辞任している。この間の経緯については、リドル・ジョアン

ナ／ジョーシ・ラーマ『インドのジェンダー・カースト・階級』重松伸司監訳、明石書店、一九九六年、七四－五頁参照。

17 サティについては多くの論考がある。例えば、マラ・センは一九八七年にラージャスターン州でおきた一八才のループ・カンワルのサティを現地調査し、ヒンドゥー社会の寡婦の悲惨な性と生を、女児殺しや持参金問題、その他の殺人との関連から描いている。（セン『インドの女性問題とジェンダー：サティ（寡婦殉死）・ダウリー問題・女児問題』鳥居千代香訳、明石書店、二〇〇四年。一方、ウマ・ナーラーヤンは、サティを「ヒンドゥーの伝統」とすることをヒンドゥー原理主義者と西洋のフェミニストに共通するコロニアリストのスタンスであると批判し、特定の史的条件で特定のコミュニティで復活したものであることを重視しなければならないとする。（ウマ・ナーラーヤン『文化を転位させる』塩原良和監訳、法政大学出版局、二〇一〇年）

18 北インドの農村での現地調査で、結婚式の変化を調べた八木裕子も、ダウリーの額が二〇〇〇年代に入って高騰し、贈り物も日本製品のブランド志向になってきていると報告している。八木「北インドの結婚式の変化 ― チャイからコーラへ」『南アジアの文化と社会を読み解く』鈴木正崇編、慶應義塾大学東アジア研究書、二〇一一年、九一頁。

19 前出" Gender Equality and Women's Empowerment in India" by National Family Health Service（ＮＦＨＳ－三）India 2005-06,pp7-18.二〇一一年の統計については、ウェブサイト

の http://www.censusindia.gov.in より。

20 常田夕美子は、嫁となった女性が家系の繁栄を守る役割を負い、日々の仕事で浄性を保つように自己統御することをオディシャー州の農村でフィールドワークしている。常田『ポストコロニアルを生きる―現代インド女性の行為主体性』世界思想社、二〇一一年。

21 ヒンドゥー・ナショナリズムの出現と現状については、拙論「インドの宗教・社会統合・ジェンダー―ダリット女性の解放運動の視座から―」『現代宗教二〇〇九』(国際宗教研究所編、秋山書店)で論じている。

22 アルンダティ・ロイ『わたしの愛したインド』片岡夏実訳、築地書館、二〇〇〇年、一二九頁。

23 Seema Kazi" Between Democracy and Nation: Gender and Militarization in Kashmir" (Women Unlimited, New Delhi, 2009) のためのメアリー・カルドーの序文、五頁。

24 "Status of Microfinance in India 2011-12, full book2", NABARD, Web 上よりダウンロード、

25 インド二八州の中で南の州は、ケーララ、タミール・ナードゥ、カルナータカ、アンドラ・プラーデッシュの四州。公用語はそれぞれマラヤーラム語、タミール語、カンナダ語、テルグー語である。

26 NABARDの統計に基づくが、以下を参照。"Microfinance Self-help Groups in India: liv-

ing up to their promise? "by Frances Sinha, Practical Action Publishing, UK, 2009, p.5.

27 MICROCREDIT BASED SHGs AND WOMEN'S EMPOWERMENT: A Study Report on Micro Credit Intervention in Three Southern States of India, by Dr. Neelavalli, IWID, Chennai, pp64-67.

28 SHGが二〇人以下と決められているのは、インドの法律では二〇人をこえる団体は政府に登録しないといけないからである。登録番号を得ると、外国からの資金は得やすくなるが、団体活動の条件が厳しくなり、政府の監視が入る。SHGはグループ名が一覧に載るだけで、村のグループにすぎないので、ローン返済の怠りがなければ、活動は自由である。

29 拙論「インドの宗教・社会統合・ジェンダー―ダリット女性の解放運動の視座から―」、前出、二二四頁。

30 Neelavalli, IWID, ibid. p.70.

31 MNREGA（マハトマ全国農村雇用保障法）は二〇一〇年に開始された中央政府の施策である。実施の状況については、本稿の八章で述べている。

32 南インドのコーラムは、米粉で家の前に描く文様である。招福の祈りで、とくに祭りや客を迎える時に描かれるが、日常的には鳥や昆虫への供養だとも言われる。

33 アールティは火によるプージャ（礼拝）で、トレイなどの容器に花びらなどの供物をきれいにデザインしたものに、灯明をともす。客を祝福する時にもアールティを回して行う。

34　ヒジュラはインターセックス（半陰陽）をさす。ウルドゥ語で「トランス」の意味。地域によって呼び名は異なる。農村では子どもが誕生した家や結婚式などで門付けの芸能活動をして、集団で暮らす。都市部では近年はセックスワーカーとして生計をたてざるをえない人も多い。

35　コーラール鉱山については、ＫＧＦＷＡ発行のレポートを参照した。

36　若い後継者がおらず、二〇一一年から施設はカトリック教会によって引き継がれている。

37　http://WWW.SEWA.org/ ＳＥＷＡ_Elections_2012.html

38　http://WWW.SEWA.org /images/pdf/UNDP Speech.pdf

39　喜多村百合『インドの発展とジェンダー ― 女性ＮＧＯによる開発のパラダイム転換』新曜社、二〇〇四年、参照。

40　ＳＥＷＡ銀行の公式の Information Booklet p.26 より。

41　「ベン」は日本でいえば「さん」にあたるのだが、ＳＥＷＡでは名前の後にベンをつけて呼び合うだけではなく、自己紹介の時にもベンをつける年配の女性が多いので、ベンをつけて紹介された人の名前には通称として、ベンをつける。若い人の場合は一般に自己紹介にはつけない。

42　ハリジャンはグジャラート語で「神の子」の意味。Ｍ・ガンディーが「不可触民」の代わりの呼び名にしたが、本来は「神殿娼婦の子ども」を意味する差別語だとして、とくに南インドでは使われない。

43 Desai et al. "Upgrading the Institution of Dais", SEWA, 1991.

44 Arunima Hospice Diocese of Calcutta, CNI, Report

45 拙論、二〇〇九年、前出、二二二、三頁。

46 IWID "Micro-credit Self Help Groups – OF WHOM? FOR WHOM?", Chennai, (tr. by Anitha, Women's Education and Liberation)

47 二〇〇二年二月にグジャラート州ゴードラーで起きた「列車放火殺人事件」では、聖地巡礼と「聖地奪還」決起集会から戻ったヒンドゥー・ナショナリストの乗った急行列車サバルマティ号の一車両が放火され、乗客七八人が焼死した。後に裁判で事故と判定されたが、事件後に、コミューナル衝突が州内の都市で起き、約二〇〇〇人の死者が出た。多くのムスリム女性がレイプされた。三ヶ月間の夜間外出禁止令が出され、ナローダなど虐殺事件がおきた地区のムスリムは郊外の避難所に移住した。

補遺　ジェンダーとヒンドゥー・ナショナリズム
―ダリット女性解放の視座から

はじめに

インドは、広大な亜大陸に人種や民族、言語、宗教文化の多様さと社会に深く根付いたカースト制など、一筋縄ではいかない複雑さの国である。たとえば、パキスタンと国境を接する西インドのグジャラート州と南インドのタミルナードゥ州とでは、風土はもとより言語も人種もヒンドゥーの寺院建築も異なっている。ところがインド社会を結ぶ幾つかの共通点がある。一つは本稿で見ていくように、カースト制とこれを維持するための性のカースト制であり、これがインドのジェンダーの特質といえる。一方、ヒンドゥー・ナショナリズムは、「ヒンドゥー」という宗教文化によってインド社会の統合を図ろうとする運動である。イギリスの植民地支配からの独立闘争以来の歴史をもっている。インド人民党（ＢＪＰ）はインドが市場経済へと国を開放して以降の一九九八年から六年間、中央の政権与党となり、グジャラート州など幾つかの州レベルでは現在も政権の座にある（二〇一八年現在、インド中央政府の与党）。ヒンドゥー・ナショナリズムは、インドの宗教的少数派であるイスラーム（一二・一％）やキリスト教（二・三％）の共同体との間に各地でコミューナルな暴力事件を頻発させながらも、多数派ヒンドゥー教徒（八二％）の民衆の間に、男女を問わず支持層を広げてきている。これはなぜなのか、また何が問題なのか。

本稿は、筆者が二〇数年来関わっているインドのカースト制下の最下層のダリットの女性たちの間での現地調査に基づいて、ヒンドゥー・ナショナリズムをジェンダー、とくにダリット女性解放の視座から考察するものである。

「砕かれた者、抑圧された者」を意味する「ダリット」は、ヒンドゥーのカースト制から排除された「不可触民」[1]をさす。「ダリット」は二〇〇一年に南アフリカのダーバンで行われた国連の「反人種主義・差別撤廃世界会議」を機に国際用語となっている。しかし、当のインドではダリット人口が二億人を大きくこえるにもかかわらず、現在でも一般にダリット自身は行政用語である「指定カースト」（SC、人口の一六・二％）を自己の所属アイデンティティとしている。また、イスラームやキリスト教には教義上カースト制がないとして、「ムスリム」や「クリスチャン」が公式の所属名とされるが、人口の大半が暮らす農村では、ダリット・ムスリム、ダリット・クリスチャンへの社会的排除と差別はヒンドゥーのSCに対するのと変わらない。そこで本稿では「ダリット」をすべての不可触民に対して用いる。ただし、法的には不可触民制は一九五〇年実施のインド共和国憲法によって廃止されている。

私が一九八四年にインドで初めてダリット女性の調査を行って以来、疑問に思い、懸念してきたことがある。それは政府による公式と研究者による学術研究とを問わず、調査、記録、あるいは登録がされていない膨大な層があることである。[2] この人々がどう暮らしているのか、何が起きているのか。その存在が軽視され、暴力的に抹殺されている現実がある。[3] インドの最貧困層のダリットおよびアディヴァーシー（「指定トライブ」ST、八・二％）の大半がこの層に入る。ヒンドゥーの「指定カースト」の女性に限ってみても、全インド女性の一六・五％にあたる。

マイノリティや社会の周縁的な存在者が不可視の状態に置かれやすいことは国を問わないが、インドでは人口的にも多数を占め、しかも先住民族と考えられる社会階層が非人間視されている。調査、記録されるためには当人たち自らが、あるいは支援団体の助けによって、外に向けて強く存在を主張していくしかない。とくにこの共同体の女性や子どもたちが強制売春やレイプ、殺害、債務奴隷や児童労働などの暴力に集中的に晒されている実態は複合差別として深刻であり、これをどのように可視化できるかが、階層社会におけるジェンダーの視座から重要である。

一　グローバリゼーション下の性のカースト制

（一）カースト制の変化と「普遍」化

世界人権宣言の第一条に「すべての人間は、生まれながらにして自由であり、かつ尊厳と権利とにおいて平等である」とあるが、転生輪廻とカルマ（行為、義務）を信じるヒンドゥー教徒の大衆にとって、このような人権思想は西欧のものにすぎないだろう。現地でもっとも強く実感することである。しかし「世界最大の民主主義国」を自負するインドは、第二次世界大戦を機に生み出された国際人権法を批准している。憲法でもカーストに基づく不平等を禁じ、あらゆる形態の不可触民制を廃止しているので、これらを実施するための諸法律は活動家の働きによっても充実している。ただ、これらの法律はカーストの思想を否定するのではなく、それによる差別と不平等をなくそうとするにすぎない。反人種主義の世界会議において、国連はインドのカースト制度を日本の部落差別と同様、世系や出身に基づく「人種差別」としたが、インド政府はこれを認めていない。

インド社会に深く根付いているカースト意識を単なる差別問題とすることはできない。たとえば大学医学部への入学や公務員職などの一定のパイを、ＳＣとＳＴ、さらにはＯＢＣ（その他の後進諸階層）にまで留保枠でとられる高カーストの共同体の怒りが、抗議の自殺や激しいデモとなって噴出することがある。ヒンドゥー・ナショナリズムはこれを政治的に利用して高カーストの女性たちの支持を得た。しかし、そのようなエリート間の争いからほど遠く、集団的に隔離を強いられ、その日暮らしのために初等教育の機会も奪われているのがダリットやアディヴァーシーの生活の現実である。現在も八〇%が農村や森林地帯に住んでいるとされるが、仕事を求めて、あるいは開発で土地を追われて都市スラムに移る人たちもますます増加している。このような移住民の不安にもヒンドゥー・ナショナリズムが働きかけている。

私が調査しているタミルナードゥ州では、住民を新たな階層で区分けし始めた。上から順番に、FC（Forward Community 先進階層）、BC（Backward Community 後進階層）、MBC（Most Backward Community 最後進階層）、SC（指定カースト）&ST（指定部族）である。FCには最高カーストのバラモンと一部のクシャトリア階層が入るが、驚いたことに、ムスリム、クリスチャン、ジャイナ教徒もここに位置づけられた。後はすべて留保枠でなんらかの保護の対象になる。BCには、村の高カーストであるモダリヤー、チェットヤー、レッディヤーなどが、MBCにはガウンダルなどの農民カーストやカーストのドービー（洗濯カースト）が入れられた。そしてSCとSTは従来通りであるが、指定カーストのなかでも最も差別されているコブラー（皮革や靴修理カースト）には別の留保枠が認められた。

住民は、役所や学校、就職、その他の手続きのすべての場合に自己の所属を明記しなければならない。偽れば犯罪となる。用紙そのものが所属カーストによって分けられていることも多い。

とくにＳＣとＳＴの場合は他のコミュニティとは別の書式である。どれほど単純化されても、浄穢のカースト制度のなかの「不可触民」としてのダリットと「可触民」であるカースト・ヒンドゥーの間には、単なる上下関係ではない歴然とした線引きがある。ダリットにとっては、ＢＣもＭＢＣもＦＣと同じく「交わるべからず」、インターカースト婚もインターダイニング（共食）もできない上層カーストである。その逆も同様である。たとえば、ＳＣ枠で大学に入学すれば、学費は減額されるが、ダリットとわかるので、座席は後部にされ、カーストの学生たちから食事時間も孤立してしまう。また、上層カーストは結婚式の招待状や看板などには、新郎と新婦の名前の後に、モダリヤーやガウンダルなどカースト名を名前の一部として書き入れるが（口絵６－１）、ＳＣの場合は書かないので、ダリットとわかってしまう。

宗教間の結婚はよくあるが、インターカースト婚はタブーである。インドのカースト制および性のカースト制は高度経済成長による中流階級の増加によって変化している。しかしこれを廃止するのではなく、区分けを単純化させることで「普遍」化させているという印象を受ける。男と女を社会的に秩序づけるジェンダーもそれに伴って再編されている。

（二）　農村ダリット女性の性と浄穢問題

カースト制度が性のカースト制でもあるのは、厳しい内婚制によってこれを維持しているからである。バラモンなどの高カーストは「浄性」を維持するが、それは義務であると同時に特権でもある。「不可触民」の対極にある「浄性」とは、具体的には完全菜食主義、禁酒、そして女の性の支配を意味する。父権的に女を管理することによってしか共同体の血脈を維持する方法はない。そこで結婚は高カーストの女性にとっての義務となり、宗教的にはこの世に生まれた罪の唯一の浄化儀礼とされる。女性は結婚し、男子を産んで、夫と息子をとおしてのみ祖霊の世界あるいは天国へと転生できると教えられる。夫より一日でも早く死ねば「幸福で吉なる女」だが、不妊の女と夫に先立たれた「未亡人」は「不幸で不吉な女」となる。「サティ」という女神名で呼ばれ、夫を荼毘にする火で自らも焼かれて「サティ」になることを望む女性が、一九世紀に英国の支配下で禁止されるまで多かったのも、高カーストで息子のいない「未亡人」になった場合の生き地獄を語っているといえる。[4]

しかし、性と結婚に関しては高カーストの女だけを縛ることは現実的に不可能である。そこで階層を問わずすべて女は不浄な「一生族」とされ、[5]バラモンの女性も聖典ヴェーダを学ぶことを、近代の改革運動まで禁じられてきた。また、女は自分より下位の男と結婚することはできない。生物学的には意味をなさないが、女の胎は産むだけで、子どもは父親の血と同じとされるためである。この「逆毛婚」は最も忌まわしいこととして、タブーは今日も続いている。

一方、ダリットの女性たちが被っている性的被害には、上層カーストの男たちによるレイプや強制売春、「神殿娼婦」制などがある。[6]ダリットの居住区（コロニー）はたいていカースト村の東側の外れに位置する。固有の名前はなく、たとえばガンガープラムという村ならガンガープラム・コロニーが住所となる。ここへ夜になるとカースト村の男たちがやってくる。コロニーに「第二妻」を持つ者も多い。法律的には重婚は禁止されているから「妾」だが、本人も家族も決して事実を言わない。もし妊娠すれば、だれかダリットの青年の名前を相手としてあげるが、コロニー内では公然の秘密である。ヘルプレス（どうしようもない）にあたる言葉がよく使われる。一六歳の少女と五〇歳の地主というカップルも珍しくない。夜、カースト村の男が目当ての女の小屋に来れば、父親や兄弟は抗議して殺されることを怖れて逃げ出し、母親は泣き、娘はヘルプレス状態で、地主の意のままである。

このような上層カーストの男たちによるダリット女性のレイプには、ダリットを不可触とする意識はなく、むしろ「不可触民は自分たちのための奉仕者で、女は売春婦」とみなす意識が働いている。反抗したために、昼間に全裸で村の広場の木の下に縛られる事件も北インドでは数多い。一方、カースト・ヒンドゥーの女たちはけっしてコロニーには入らない。後述するような自助グループの運動でコロニーに足を踏み入れることができるようになった女性であっても、決して家には入らず、また座らず、外での立ち話で用事をすませる。一般に女性に上層カースト意識が強いのは、カーストの文化と家族を守るのは「女の義務」だという教育を幼い頃からされ、これがジェンダーとなり、日常的にその世界に生きているからである。外の世界を知らないために慣習に縛られているともいえる。しかし、ダリットの場合、男は遊び、非合法の酒を飲み、妻に暴力をふるうというケースが多く、働いて家族の生計を担っているのはたいてい女である。それでも夫に先立たれれば「空き家」となり、性的な暴力に晒されやすい。

(三)　インターカースト婚

インド全土で四〇〇〇はあるとされるピラミッド構造のカースト制だが、現実には地域毎に上下や力関係が異なっている。近年は都市を中心に消費社会化が進むにつれて、カースト間の婚姻の幅も広がっている。だれもが自由に婚姻の相手を選ぶことができるようになれば、性のカースト制の根幹が崩れる（口絵6－3）。しかし、親族の反対にあい、「名誉の殺人」や自殺にいたるインターカーストの恋愛や結婚の悲劇も日常的に起きている。悲劇の多くがダリットとカースト民の恋愛である。農村のダリットの女性運動には、このようなカースト制の壁を崩し、古いカースト意識を内からも外からも変えていくための柔軟かつ勇気のある働きが要求される。

タミルナードゥ州ヴィルップラム県のジンジー地区でも、地元のNGO関係者も「数え切れない」というほどインターカースト婚による事件が起きている。典型的な事件は、ダリットの青年と高位カーストの女性が恋愛して逃亡した場合で、親族は警察に訴え、二人は追われて、逮捕される。この間にコロニーの青年の家族はカースト村の男たちに襲われ、殺されるなど、ひどい仕打ちを受ける。二人がついに捕まると、女性も家族によってひどい仕打ちを受け、自殺する場合もある（他殺の可能性もある）。女性がすでに妊娠していたため、村外れに、カーストの共同体からもダリットの共同体からも村八分状態で夫婦が暮らしているケースもある。しかし、これが逆の組み合わせで、男性側の親族が反対して訴えた場合、ダリットの女性は警察に逮捕され、罰としてひどい仕打ちをうけ、ときには集団レイプされるが、カーストの男性は逃げてしまうことが多い。

ところがこのような警察による暴行を逆手にとって、後述するＷＯＬＤという農村ダリット女性のＮＧＯが村々につくった自助グループ（ＳＨＧ）の一つが、すでに女性が妊娠している若いカップルを結婚させようと計画した。ジンジー警察署内での結婚式を申請して、両家族や村人に招待状を送ったのである。青年はＭＢＣのガウンダル・カースト、少女はダリットだったために、青年の両親が絶対反対していた。二人で逃亡すれば、警察に訴えられ、村人を巻き込んだ暴力沙汰は避けられない。しかし、警察署で花嫁の首にターリ[7]がかけられたならば、結婚を認めざるをえない。ジンジー警察署は、近年、署員の人権意識の啓発に熱心になっているのが幸いしたといえる。

両親に反対されたインターカースト婚の場合、当事者に友人やきょうだいなどが付き添って警察署でターリをかけるだけの結婚式をするケースが、タミルナードゥ州の都市部では増えている。警察のもつ権力を逆利用しているのである。しかし、奥深い農村部で、読み書きもできないダリット女性の自助グループがそのような知恵を働かせ、行動したことは、グループができる以前には考えられないことだった。しかも、それを可能にしたのは、コロニーとカースト村の自助グループ間の協力関係ができていたこと、警官のダリットへの暴力に対して、これまで集団で抗議行動を行ってきた成果による。

二　ヒンドゥー・ナショナリズムとコミュナリズム

（一）「ヒンドゥー」という魔法のランプ

タミルナードゥ州はインドでもNGOの活動がもっとも活発な州であるが、北インドを中心に広がってきたヒンドゥー・ナショナリズムの政治的な圧力から自由ではない。州の現（二〇〇八年）DMK政権（カルナニディ首相）はどの宗教にも組みしない世俗主義をとっているが、前AIADMKのジャヤラリータ政権時にはバラモン主導のヒンドゥー・ムンナニというヒンドゥー・ナショナリズム運動の下、民衆の熱いヒンドゥー教信仰が煽られた。巨大なガネーシャ神像の大行列はその典型であろう[8]（口絵5－1）。二〇〇二年一二月には「強制的改宗」を取り締まるという「宗教の自由」令が出され、不可触民からの改宗者であるイスラームやキリスト教の共同体がターゲットにされただけではない。WOLDなどのNGOも資金面を含めて活動を規制された。現政権になってこの法令は廃止されたが、北インドからのヒンドゥー・ナショナリズムの南下により、コミューナルな暴動が煽られる危険性は都市でも農村部でも続いている。

二〇〇八年八月一五日の英文「デイリー読売」紙に、第六一回インド独立記念日を祝して、東京の江戸川インド人コミュニティ代表のＪ・Ｓ・チャンドラニ氏による「ロクマニャ・ティラクがインドを自治へと導くのを助けた」と題する長文の文章が掲載された。Ｂ・Ｇ・ティラク（一八五六―一九二〇）は、エリート中心だった反英独立闘争に大衆を動員したヒンドゥー・ナショナリズムの先駆者として知られる。一九世紀の末に、元々、家庭内で行われていたガネーシャ祭をヒンドゥーの祭典として大規模に組織して、歌唱隊を結成し、楽器を奏でて街を練り歩かせた。参加した民衆にヒンドゥーであることの誇りとイギリスへの対抗意識を高揚させるためだった。また、ティラクはヒンドゥー教徒が聖牛とする牝牛保護の運動を行ったが、これらのシンボル操作は、民衆のナショナルな意識と共に反ムスリム感情をも高めることにもなった。[9]

ティラク自身はムスリムを否定したわけではないが、八月一五日はインド（ヒンドゥー多数派）とパキスタン（ムスリム多数派）が二国に分かれて英国から分離独立した日でもある。

Ｂ・Ｇ・ティラクが独立闘争を大衆化させた社会活動家ならば、Ｍ・ガンディー（一八六九―一九四八）はヒンドゥー普遍主義の立場からのカリスマ的な行動で、広範な民衆をインド独立へと動員した政治家といえる。ティラクもガンディーも英国からのインドの「自治（スワラージ）」を求めたのだが、そのためにインドに住む多様な人々の多様な文化であるヒンドゥーイズムを宗教的に利用したといえよう。裸の菜食主義者のガンディーはヒンドゥー・インドの象徴となった。一九二五年、Ｋ・Ｂ・ヘードゲーワール（一八八九―一九四〇）が現在に続くヒンドゥー・ナショナリズムの組織であるＲＳＳ（Rashtriya Swayamsevak Sangh「民族奉仕団」）を創始するが、すでに「ヒンドゥー」という「魔法のランプ」[10]は、ナショナリストたちによって灯されていたといえる。

（二）理念と実践のあいだの矛盾

インドは独立を果たしたが、さらに内部から多くの激しい分離闘争が起きてきた。パンジャーブのスィク教徒、カシミールのイスラーム教徒、そして北東インドのミゾラムやナガランドなどモンゴル系諸民族によってである。『ナショナリズムの世俗性と宗教性　The New Cold War?』で、Ｍ・Ｋ・ユルゲンスマイヤーは「インドの多くの世俗的なリーダーたちは、宗教的な政治は、分裂していたインドの歴史の最悪の方向への逆戻りだと考えるのであろうが、インドの将来が近年のその恐るべき過去より平和なものになるためには、宗教への何らかの譲歩が必要なのではないだろうか」と書いている。[11]また、「実質的にすべての宗教的な伝統において、暴力のイメージが中心的な役割を担っている。宗教的ナショナリズムの暴力性を理解するためには、すべからく宗教一般の暴力的な本質を理解することから始めなければならない[12]」として、宗教の暴力に言及している。

なぜ貧しい若者や民衆が宗教的ナショナリズムに引きつけられるのか。血縁や地域共同体から切り離された者が、ネイションと結びつけられた新たな宗教的ビジョンによって権威を与えられるとすれば、そこから暴力を取り除くことは可能なのか。この暴力は身体的なものだけではないからである。そして、ユルゲンスマイヤーも指摘するように、権威主義という点では、世俗的ナショナリズムも同様か、さらに独裁的である[13]。宗教と暴力の関係が本質的かどうかについては、ジェンダーの視点を入れたさらに深い考察が必要であるが、ナショナリズムのもつ暴力性は宗教的か世俗的かを問わないといえる。インドの場合も、社会統合の方法にかかわる政治的な対立こそが、たとえば象徴的なアヨーディアー問題[14]でも顕著である。

　ＲＳＳには、サング・パリワール（「家族集団」）という多くの傘下団体があるが、よく知られているのがＲＳＳの政治部門であるＢＪＰ（インド人民党）、若者たちの暴力を鼓舞させる猿神「ハヌマーンの軍隊」も持つＶＨＰ（世界ヒンドゥー協会）、都市スラムや一部の農山村でも教育・福祉活動をするセワー・バーラティ（「インドの奉仕」）などである。また女性の民族奉仕団（ＲＳＳＡ）もあり、ＶＨＰの「ドルゥガー（女神）の軍隊」もある。

　ＢＪＰは「真のセキュラリズム」を綱領としている。インドは世俗国家として宗教教派の存在を認め、それらに対しては中立的であるべきだが、本来、ダルマ（真理、義務、道徳）は一つであるから、ダルマに対しては中立的ではないとし、ダルマにもとづく「ヒンドゥー・ネイション」こそが永遠性をもつ真の世俗国家だとする。この場合の教派には、狭義のヒンドゥー教もイスラム教もスィク教もキリスト教も、その他すべての宗教が入る。しかし、政治と宗教を「公」と「私」として分離し、宗教を私事とする西欧型のセキュラリズムを批判する。ヒンドゥー・ナショナリズムは、「ヒンドゥー」とはインド人の生活様式のことであり、インドのクリスチャンもムスリムもスィクも、ダルマにおいては「ヒンドゥー」であるべきだと考える。

　インドには「真理は一つであり、人間がそれを違った風に表現するだけだ」という聖典『ヴェーダ』からの伝統的な考え方がある。たいていのヒンドゥー教徒は「どんな礼拝の形であっても、礼拝者は究極的には各自の個人的な神の名前と形を超越するだろう[15]」から、ガネーシャ（象頭神）もシヴァ（主神）もドゥルガー（女神）もイエスもアッラーも本質的には同じだと考えている。これはヒンドゥー的神観あるいは宇宙論だといえるが、中島岳志が指摘するように、RSSの生物有機体的なヒンドゥー・ネイション論には、宇宙全体をインドという国家と同一視する巧妙な矮小化がある。なぜなら、「国家のために献身的に奉仕することこそ個々人のダルマである」という「国家への奉仕」の教えがその核になっているからである[16]。これに沿って戦時下の体制と同様に、ジェンダーも再編、強化される。

　The Hindu 紙（二〇〇八年九月一三日）によれば、カルナータカ州のバンガロアで行われたBJPの全国執行委員会の開会演説で、R・シン総裁はカシミールに特別ステイタスを認めている憲法の条項を廃棄し、ヒンドゥーのヤートラ（大巡行）のルートを国有化することを求めた。アヨーディアーのモスクを破壊し、古代ラーム王朝のヒンドゥー寺院とダルマを復活させるべしという考え方と同様だが、これは多数派主義の暴力であろう。「ヒンドゥー」は国家的で、それに対抗するイスラームは反国家的だとするのだが、「真理は一つ」の考え方は同じであっても、イスラームにはイスラームの祭政一致の理念があるからである。

メッカのカーバ神殿の三六〇体の異なる神像をムハンマドが一つ一つ打ち壊したことによって（六三〇年）、部族間の暴力を押さえ、唯一の神による平和を獲得したのがイスラームの歴史の始まりである。ヒンドゥーとイスラームを比較することは本稿の目的ではないが、互いの理念と歴史観の相違をナショナリズムが感情的にあぶり出している。西欧の宣教師によって布教されたキリスト教の場合も、残虐なコミューナル暴動が絶えないオリッサにかぎらず、たとえばミニ・アヨーディアー問題としてヒンドゥー教徒に妨害されるために、都市での教会堂建設が困難になっている。

セワー・バーラティが働くスラムで

ＲＳＳはバラモン階層を中心にしたエリートの男性組織であるが、メディアなどを利用した意図的に派手で暴力的なアジテーションに、なぜヒンドゥーの下層民衆がひきつけられるのだろうか。北インドのスラムでのセワー・バーラティの社会奉仕活動を調査した中島によれば、支援を受けている側の民衆のエージェンシーはヒンドゥー・ナショナリズムのそれとは異なっているという。民衆には「善い生を求める」「サバルタン的公共性」があり、したたかに自らの行動様式をもっており、たとえば自分たちのスラムを守るために権力としてのヒンドゥー・ナショナリズムを利用しているという。[17] その通りであろう。

RSSの女性自助センターの先生たち

私が調査をした西インドのグジャラート州アーメダバードの、二〇〇二年に大暴動が起こった地域で行われているセワー・バーラティの活動においても、利益を得ているのは住民、とくにダリットの女性たちだった。RSSの創始者Dr・ヘードゲーワールの名前を冠した「女性自助センター」は、事務所の壁にはヘードゲーワールと第二代総裁ゴールワルカルの肖像画、RSSのシンボル旗「インドの女神」が掛かっている。しかし、夫がRSSの幹部でもある活動家の代表をのぞいて、裁縫や刺繍、伝統アート、コンピューターなどの先生たちはくったくがなく、生徒と溶け込んでいる。無料で技術を習得できる生徒にとっても、RSSによる運営かどうかはさして問題になっていないようだった。近くのダリット居住区にも先生たちは出入りしている。毎週土曜日の子どもたちのヒンドゥー文化クラスはグジャラート大学の大学院生が教えている。綺麗な先生の指導で、子どもたちもとても身綺麗にしている。初歩的なヨーガ、ヒンドゥー聖典からの教え、ヒンドゥー賛歌の練習、インド独立の英雄伝、それらにちなんだ絵描きやゲームなどをやっている。「ここに来てから学校の成績も良くなった」、「父親が酒を飲んで暴力をふるうのが止んだ」など、子どもたちは元気がいい。母親たちの喜びは格別だろう。

しかし、気になったのは参加者が全員ヒンドゥー教徒であり、地域のムスリム女性や児童が来られる雰囲気ではないことだった。二〇〇二年のコミューナル暴動と虐殺の記憶はまだ生々しく、住民の間にも亀裂は深く潜在している。殺され、レイプされ、家を焼かれ、難民となって、まだ元の地に戻れないムスリム家族も多くいる（口絵13－3）。それなのに、RSSやVHPが動員をかける派手な大集会やデモに、これらのセンターの受益者は自ずと参加することになる。「善い生」を求めるままに、反イスラームのスローガンや感情に取り込まれていく者が多いことは、中島の調査地のスラム住民と同様である。

一方、コミュナリズムをインドの大衆視点から分析する関根康正は、大衆は経済自由化とメディア効果による消費志向の高まりで、恒常的な欲望とアイデンティティの不安を抱えており、それが暴動で身近な他者に投影されるとする。関根が指摘する「ヒンドゥートゥワのインドという代理的共同体へと動員される大衆予備軍[18]」の姿は、裏を返せば、そこから消される多数の者たちの存在を意味している。「ヒンドゥートゥワ」とは宇宙の始まりから永遠に続くとされる「ヒンドゥーの本質・原理」を意味する用語だが、先に記したように調査、記録されることのない膨大な数のダリットやアディヴァーシーとその子どもたちは、事実上ヒンドゥートゥワから排除されている。ダリットの女性活動家たちは、セワー・バーラティはこの中の「爪先ほど」の人数を餌で取り込んでいるだけだという。

（三）アンベードカルの慧眼

インドの反英独立闘争の時代から、ヒンドゥー・ナショナリズムの本質を鋭く見抜いていたのがビームラーオ・R・アンベードカル（一八九一―一九五六）だったといえる。

アンベードカルはマハラシュトラ州出身のダリットで、アメリカとイギリスで苦学して経済学博士号をとり、生涯を精力的にダリット解放運動に捧げた。憲法起草委員会委員長として、不可触民制を廃止し、カースト差別を禁じて主権在民のインド憲法を起草し、苦労の末に成立させたのもアンベードカルである。しかし、カースト間の婚姻禁止条項ならびに相続法がヒンドゥー婚姻法から削除されない限り、カースト差別はなくならないとして、その削除を求めたが、大反対にあい、一九五二年に委員会を抗議辞任した。

ヒンドゥー教に絶望し、突然の死のおよそ二ヶ月前に約三〇万人のマハール・カーストの同胞

壁の真ん中にアンベードカル博士

と共に仏教に改宗している。「アンベードカル仏教」や「新仏教」と呼ばれるインドの仏教徒（〇・八％）は、現在、実数が二〇〇〇万人とも言われるが、マハラシュトラ州より大きく広がってはおらず、地域においても孤立的である。[19] しかし、ダリットのNGOの働きもあり、アンベードカル像は公立学校をはじめ、ダリット・コロニーの入り口などインド全土に広がってきている（口絵6－4）。ヒンドゥー・ナショナリズムもダリットに働きかけるためにはDr・アンベードカルを無視できない。ダリット女性運動も、これまで仏教徒以外の女性にはあまり読まれてこなかったアンベードカルの著述や業績から真剣に学んでいる。アンベードカルは、不可触民女性は劣等感を克服すること、夫と対等の存在になるべきこと、結婚を急がないこと、労働において権利の自覚をもつことなどを強調した。

今日、国外でのほうが有名なガンディーとは対照的ともいえるが、インドの独立と不可触民解放の問題、とくに分離選挙の要求においてアンベードカルはガンディーと激しく対立してきた。アンベードカルは「被抑圧階級に対する基本的権利が保障されないスワラージ（自治）は、被抑圧階級にとって自治ではない。それは新しい奴隷制にしかすぎない」として、英国にインドの自治を要求する前に、同じように自由と自治を求めるダリットに社会的平等を与えることこそインドの上位階級の義務だと論じた。[20] しかし、ガンディーは不可触民に分離選挙権を認めることはヒンドゥーの分裂になると考え、監獄での死の断食によってアンベードカルと対決し、譲歩を得た。ガンディーが裸で通したのに対して、アンベードカルは公式の場では常にスーツとネクタイ姿で通した。それは裸でいることを強制され、女性はブラウスを着けることを禁止されていたヒンドゥーの不可触民が、きちんと装うことができる自由へのシンボル的行為だった。

それから七五年以上たつ現在も、不可触民は村毎のコロニーに閉じこめられており、上層カーストのために働く奴隷的な労働者である。ガンディーが「インドは農村にある」と言ったが、アンベードカルは「伝統的村落こそは、地域主義の溜まり場であり、無知と偏見、コミュナリズムの巣であり、村議会はインドの滅亡につながる」と断じている。[21]

三　農村のダリット女性運動

（一）カーストと宗教をこえたグループづくり

アンベードカルが不利な立場に置かれることを承知で、マハトマー・ガンディーと対立してまで喝破したヒンドゥー・インドの村落の姿は、今日もその中で不可触民の女性が運動することがどれほど困難かを示している。一方、その村落が変わらないかぎり、ダリット女性に自由と自治がないことも明らかであろう。

先に述べたタミルナードゥ州ヴィルップラム県の中でも最も奥深い農村地帯で、一九八一年から活動しているWOLD（WOMEN'S ORGANIZATION FOR LIBERATION AND DEVELOPMENT）というダリット女性のNGOがある。私は一九八四年来の交流をとおして現地と関わっている。代表もスタッフもこの地区の出身である。一九七〇年代の半ばに現在の農村女性センターの土地をマドラス在住のムスリムから購入した時、一帯は野原だったが、購入者がダリットだとわかった途端に、周辺のカースト・ヒンドゥーの地主たちから激しい妨害を受け、建物が建った後も焼き討ちにあっている。ダリット女性がある村で集団レイプされ、訴えた父親も殺害された事件が起きた時には、国際人権組織に訴えたことから、代表の身に危険が迫り、渡米を余儀なくされたこともある。元々、WOLDの代表夫妻がヴィルップラムに移住してきたのは、七〇年代にコミューナル暴動で多くのムスリムが殺され、店舗が焼かれる事件が起きた時、被害者を救援するためだった。ヴィルップラムはダリット人口が三〇％をこえ、カーストや宗教間の緊張の荒々しい土地である。

このような土地でのWOLDの長い働きで特徴的なのは、「すべてはダリット女性の解放と成長のため」という勇敢で柔軟な運動の一貫性である。アンベードカルが言った「村議会はインドの滅亡につながる」の村議会（パンチャヤート）までが、彼女たちの不断の活動によって変化をみせ始めている。

ＷＯＬＤは、インド政府の貧困層の既婚女性対象の少額融資政策の自助グループ（ＳＨＧ）づくりに二〇〇〇年から協力してきた。第一の目的はダリット女性の間にＳ・Ｈ・Ｇ（Seif Help Group）をつくり、地主の債務奴隷状態や夫の暴力から経済的にも精神的にも自立できるようにすることだった。長年の経験から、ＳＨＧのトレーニングにおいても、単にグループをつくり、メンバーが毎週集まって貯金し、それを銀行へ入れて、一定額になれば政府のローンを補助金付きで借りられるということではなく、グループのメンバー間の協力やリーダーシップ養成、またグループ間の連携にも力を入れてきた。この間の変化の大きさは、ＷＯＬＤ代表自身が「いつ死んでも、この変化を見られただけで満足だ」と語るほどのものである。この変化をもたらしたのは確実にＷＯＬＤの働きによる。[22] 何よりの変化は、ダリットの女性たちの表情と服装、発言、そして、他地域ではほとんど見られない宗教とカーストをこえた女性たちの交わりである。

インド政府は二〇〇六年で政策を変更し、それまでＮＧＯに依頼してきたＳＨＧづくりとそのトレーニングを、政府の直轄とした。村やＳＨＧの事情にまったく無知な役人が配属されて来るから、これまでＮＧＯが女性たちの自立を第一の目的に行っていたようなトレーニングではなく、グループ貯金と融資のことだけが中心となり、しかも融資の都度に賄賂が役人や銀行の係官から要求されることが起きている。女性たちがグループ活動を通して政治意識を持ち始め、パンチャヤートをも揺るがすようになっていることに対して、村の権力者や男たちが危惧を抱いたことが、政府の政策変更の背景にあるとＮＧＯは考えている。「ＮＧＯに積み上げさせて、その上にただ乗りしてきた政府」と言われる。しかし、現実にはＷＯＬＤにさまざまな困り毎や起業の相談にくるＳＨＧはこれまでと変わらない上に、新しくグループをつくりたいという相談も非常に多い。スタッフも村々をまわって、既存のグループがうまく機能しているかどうかを調べ、新しいグループの相談にものっている。

ＷＯＬＤが担当してきたメルマライアヌール地区は、人口が約一七万五千人で、五五のパンチャヤート、一八一の村がある。そこにこの七年間でダリットのグループ（以下、Ｇ）、カーストＧ、ダリットとカーストの混成Ｇ、ムスリムとヒンドゥーの混成Ｇ、クリスチャンのＧ、クリスチャンとヒンドゥーの混成Ｇなど、全部で七五〇をこえるグループ、約一万五千人の会員が誕生している。当初は身の危険を侵しながら、グループをつくる女性たちを遠い村々に探し歩き、説得に長い時間をかけなければならなかったが、今や向こうから、カースト・ヒンドゥーの女性や男たちまでが、ＷＯＬＤを探して、相談に来るようになったのである。現在は未婚女性や男性もＳＨＧをつくることができるように規制が緩和された。

二〇〇八年の九月に、ムスリムが人口の過半数を占めるエダパット村で、ＳＨＧのパンチャヤート・レベルの役員選挙が行われた。奥地の村落だが、人口は合わせて約三〇〇〇人で、ここに一七の混成Ｇ、四つのヒンドゥー・ダリットのＧ、そして三つのムスリムＧと全部で二四のグループがある。モスクと向かい合って立つ小学校のベランダとその周辺に参加者が宗教もカーストもこえて体を触れあって座り、あるいは立って、ＷＯＬＤのスタッフを前にしながらも誰もが盛んに議論している光景は、以前ならあり得ないことだった。しかも、新代表に選ばれたのは、書記がムスリム女性、副書記がＳＣ女性、会計がドービーの女性だった。書記のムスリム女性は活動的でアニメイターとしてもリーダーシップ抜群だが、他の女性たち同様に読み書きができず、バスの車掌の夫が協力的で、帳簿を手伝っている。

このエダパット村にコミューナル暴動が起きるとは、今は考えられない。いろいろな問題を抱えながらも宗教とカーストをこえて協力しあうようになった貧しい女たち自身の選択だからである。妨害する夫や男たちはいるが、女たちが自分で考え、行動する力は確実に育ってきており、後戻りはしない。

(二) 女神ではなくダリットが拓く世界 ― 結びに代えて

インドの浄穢のカースト制とジェンダーが性のカースト制によって密接に関係していることは上述した。教義上ではカースト制がないイスラームやキリスト教、スィク教の内部でも同様である。不可触民としてのダリットの女たちが性的にカーストの男からも自分たちの男たちからも自由でないという現実は、逆に言えば、女たちが解放されて開く世界の力強さでもある。

インドでは女神信仰が強く、力強いシャクティ（性力、エネルギー）の多くの女神たちがいる

（口絵16－1）。女神信仰では、男神たちのシャクティも配偶神のそれによるとされる。ＲＳＳのシンボルである「バーラト・マータ（「母なるインド」）」はインド亜大陸の全体を覆いながら、巨大なライオンと共に赤い旗をもってすっくと立っている巨大な女神であり、シヴァ神の妃のドゥルガーとも同一視される。シヴァ神はインド各地に多くの配偶神をもち、彼女たちはその土地を代表する強力な女神であるが、ヒンドゥー教のパンテオンのなかにしっかりと取り込まれている。ガネーシャやクリシュナ神のような誕生祭とは異なり、これらの女神の場合、ヒンドゥー主神との結婚儀礼が毎年の大祭となる。

たとえばタミルナードゥ州の場合、古都マドゥライにはミーナークシ寺院、チダンバラムには同じくシヴァ神と妃のナタラージャ寺院、ティルナッマライにはシヴァ神と妃のアンマの寺院（口絵5－2）がある。それぞれにドラヴィダ様式の素晴らしい寺院建築だが、一九七〇年代に入っても、ミーナークシ寺院は「不可触民、レプラ、ムスリムの立ち入りを禁ず」という張り紙をしていた。他のシヴァ寺院でも不可触民とわかっていれば誰であっても神殿の内部には入れない。黙っていればわからないのは、生理中の女性も同様だが、不可触制が廃止されても、全国でダリットの六四％はヒンドゥー寺院へ入ることができない[23]。

ヒンドゥー・ナショナリズムは近年、イスラームと戦える強いヒンドゥー教を打ち出してきている。「国家のために戦う女性」が「強いヒンドゥー女神」像と結びつけて推奨される。勇ましい女性政治家や僧侶も誕生している[24]。グローバリゼーションによる中流階級の増加と高学歴女性の増加によって、先にも述べたようにインドの性のカースト制とジェンダーにも政治がらみの再編がみられる。しかし、私が観察してきたダリットの女性運動は、根本において自立的である。たとえば、かつてなら「立ち入りできない」ことを嘆いたり怒っていたカースト村のヒンドゥー寺院や大女神の寺院になど「入る必要もない」と言う。「私たちの寺院があるよ」とも言う。[25]

ダリットは個人が強くなるだけでは抜け出すことのできない制度化された複合的差別のなかにいる。コロニーでも分断され、ひたすら恐怖心と諦めで生きる希望もなく、ただ食べるための労働の日々だった時から、グループで協力しあって生き残ろうと決め、自分たちで考えて行動し、世界を広げて行こうとしている。彼女たちが、その場所はどこであれ、髪を梳かしてカーストの女性たちと共に座り、共食し、共通の目的のために議論できるようになることは、全インド的にはまだまだ遠い先のことだろう。しかし、エリートのヒンドゥー・ナショナリストが男であれ女であれ、スラムに入っていき、「不可触制を否定」するためにあえて共食してみせることは、ダリット女性たちの運動とは本質的に異なると結論したい。

注

1　B・R・アンベードカルが不可触民の自称として推奨したが、一九七〇年にダリットの知識人青年たちが「ダリット・パンサー」として運動の名称に用いたことから、一般に知られるようになった。

2 拙著「インド・不可触民の女たち」(一九八六) 一六七頁。

3 国連のダーバン会議に向け、二〇〇一年二月二四 ― 二五日、ニューデリーで開かれた会議の「ジェンダーと人種主義に関するダリット女性全国連盟宣言」においても、ダリットや宗教的マイノリティ、先住民共同体の女性についての政府のデータと情報が極めて不足しており、それが意図的であることを指摘している。

4 アルンダティ・ロイ（二〇〇四年）は、ナルマダ水系など五〇年間のダム建設で、数千万人が土地も寺院も失って難民となったが、そのほとんどがアディヴァーシーとダリットであり、この人々の行方について政府のデータはないとしている。二六頁。

5 マラ・セン（二〇〇四年）は一九八七年にラージャスターン州でおきた一八歳のループ・カンワルのサティを現地調査し、ヒンドゥー社会の寡婦の悲惨な性と生を、女児殺しや持参金問題、その他の殺人との関連から描いている。

6 ヒンドゥーの再生族の男は七歳頃の入門式でヴェーダによってダルマの支配する世界へ再生し、死後の世界に備える。女の入門式にあたるのが結婚式だが、女は一生族なので、夫によってしか死後が保証されない。

拙著（一九八六年）一二二 ― 一三三頁を参照されたい。今日もデヴァダーシは続いている。

7　伝統的に南インドの結婚式で最も重要なもの。女性が既婚者かどうかはターリでわかる。夫が死ぬと、翌日に親族によりターリを胸からはぎ取る儀礼が行われる。

8　ヴィナーヤガ誕生祭ともいわれ、海や湖、川に神像を沈めに向かう大行列が二〇〇八年九月もタミルナードゥ州の各地で見られた。メディアは「イスラームやキリスト教会も協力して」とか「平穏に」とこもごも報じ、The Hindu紙はチェンナイの教会の前を行列が通る写真を載せた。チェンナイでこの祭りとヒンドゥー・ナショナリズムとの関係を調査した関根康正は厳戒体制下での祝祭の暴力性について詳述している。（関根二〇〇六年、八三―一〇五頁）

9　小谷汪之（一九八六年）第六章参照。

10　ロイは、ガンディーは魔法のランプをこすり、ラーマとラヒームを呼び出して人間的な政治とイギリスとの独立闘争に加えた時にこのエネルギーを利用したのだが、状況が変化した今もこのランプの精はランプから出たきり戻ろうとしないと、鋭く批判している。（二〇〇〇年）一二九頁。

11　ユルゲンスマイヤー（一九九五年）、一一二頁。

12　同掲書、二一五頁。

13　同掲書、二二〇頁。

14　アヨーディアーはインドの二大叙事詩の一つ『ラーマーヤナ』の主人公ラームの生誕地とさ

れる。一六世紀にこの地のヒンドゥー寺院を壊してムガール帝国がモスクを建てたとして、ヒンドゥー・ナショナリストが聖地奪還の運動を始め、ついに一九九二年にモスクを破壊した。インド各地で暴動が起き、多くの死者が出たが、インド人民党は跡地にラーム寺院を建てるという公約で政権をとった。しかし、ヴァジパイー首相は国際世論もあり、建設を認可できなかった。

15 Ed. Viswanathan (1996) p.6

16 中島岳志（二〇〇五年）一七二―三頁。

17 同掲書、第五章第三節参照。

18 関根康正（二〇〇〇年）九七頁。

19 フィッツジェラルド（一九九五年）によれば、マハール仏教徒は伝統的にマハールの義務とされてきた仕事を拒否することで、また村落の統合を象徴する祭礼への参加を拒否することで、孤立しているが、仏教徒女性は代替のサークルを作っている。三五三、四頁。

20 ダナンジャイ・キール（二〇〇五年）、五二、三頁。

21 同掲書、二八九頁。

22 拙論（二〇〇二年）、三四―三八頁。

23 インド・ダリット女性連盟（ＮＦＤＷ）の第三回タミルナードゥ州ダリット女性リーダーシップトレーニング（二〇〇八年六月一二―一四日）の資料より。

24 田中雅一（二〇〇七年）は、「ヒンドゥー・ナショナリズムが結果として女性をエンパワーし、その一部に自由をもたらした」とするM・セッティ（二〇〇二年）の分析を紹介しているが、グローバリゼーションによるジェンダーの再編は、ダリットの全体状況をより困難にしている。

25 八木祐子（一九九八）は北インド農村での村落祭祀の女神崇拝を調査しているが、タミルナードゥの農村でも大女神ではない固有の女神が多くいる。しかし、私が観察するダリット女性運動の場合の「私たちの寺院」は必ずしも伝統的信仰の形態ではない。

参考文献

井上貴子「インドにおける大衆文化とジェンダー」、小谷汪之編『現代南アジア五 ― 社会・文化・ジェンダー』東京大学出版会、二〇〇三年。

押川文子「インドにおける『中間層の形成』現象と女性」、押川文子編『南アジアの社会変化と女性』アジア経済研究所、一九九七年。

キール、ダナンジャイ『アンベードカルの生涯』山際素男訳、光文社新書、二〇〇六年。

ゲルナー、アーネスト『民族とナショナリズム』加藤節監訳、岩波書店、一九九六年。

小谷汪之『大地の子：インド近代における抵抗と背理』東京大学出版会、一九八六年。

――『ラーム神話と牝牛――ヒンドゥー復古主義とイスラム』平凡社、一九九九年。スミス、アントニー・D『ネイションとエスニシティ――歴史社会学的考察 The Ethnic Origins of Nations』巣山靖司・高城和義訳、名古屋大学学出版会、一九九九年。

関根康正「インドにおける『宗教対立』現象と脱近代の模索――『コミュナリズム』の彼方へ」総合研究開発機構・中牧弘允共編『現代世界の宗教』国際書院、二〇〇〇年。

――『宗教紛争と差別の人類学――現代インドで〈周辺〉を〈境界〉に読み替える』世界思想社、二〇〇六年。

セン、マラ『インドの女性問題とジェンダー：サティ（寡婦殉死）・ダウリー問題・女児問題』鳥居千代香訳、明石書店、二〇〇四年。

田中雅一「ヒンドゥー教の再生――アヨーディヤ問題の理解に向けて」田辺繁治編『アジアにおける宗教の再生』京大学術出版会、一九九五年。

田中雅一編『女神　聖と性の人類学』平凡社、一九九八年。

田中雅一／川橋典子編『ジェンダーで学ぶ宗教学』世界思想社、二〇〇〇年。

中島岳志『ナショナリズムと宗教――現代インドのヒンドゥー・ナショナリズム運動』春風社、二〇〇五年。

――『ヒンドゥー・ナショナリズム―印パ緊張の背景』中公新書、二〇〇二年。

ハミード、S・サイイダ『インドの女性たちの肖像 ― 経済大国の中の伝統社会』鳥居千代香訳、つげ書房新社、二〇〇七年。

フィッツジェラルド、ティモシー「宗教の再生とアンベードカルの仏教」杉本星子訳、田辺繁治編『アジアにおける宗教の再生』京大学術出版会、一九九五年。

メルニーシー、ファーティマ『イスラームと民主主義』私市正年、ラトクリフ川政祥子訳、平凡社、二〇〇〇年。

八木祐子「女神の身体・女性の身体 ― 北インド農村の女神崇拝」、田中雅一編『女神　聖と性の人類学』平凡社、一九九八年。

――「北インド農村における身体とジェンダー規範」小谷汪之編『現代南アジア五 ― 社会・文化・ジェンダー』東京大学出版会、二〇〇三年。

山崎元一『インド社会と新仏教―アンベードカルの人と思想』刀水書房、一九七九年。

山下明子『インド・不可触民の女たち』明石書店、一九八六年。

――『アジアの女たちと宗教』解放出版社、一九九七年。

――「ボランティア活動と公共性 ― フェミニズムの視点から」『ボランティア学研究』vol.3、（別冊）二〇〇二年。

――「女性キリスト教徒の性とスピリチュアリティ ― 日本とインドの信徒の比較考察から ―」

『宗教研究』三三七号、二〇〇三年。

ユルゲンスマイヤー、M・K『ナショナリズムの世俗性と宗教性』阿部美哉訳、玉川大学出版部、一九九五年。

リズン、マリーズ『ファンダメンタリズム』中村圭志訳、岩波書店、二〇〇六年。

リドル、ジョアンナ／ジョーシ、ラーマ『インドのジェンダー・カースト・階級』重松伸司監訳、明石書店、一九九六年。

ロイ、アルンダティ『わたしの愛したインド』片岡夏実訳、築地書館、二〇〇〇年。

――『誇りと抵抗―権力政治を葬る道のり』加藤洋子訳、集英社、二〇〇四年。

Viswanathan（ed.）*Am I a Hindu?* Rupa C.New Delhi,1992.
M.Sethi *Avenging Angels and Nurturing Mothers:Women in Hindu Nationalism*, Economic and Political Weekly,2002(April 20).
Anjali Bagwe *Of Woman Caste,STREE*, Calcutta,1966.
Nirmala Jeyaraji (ed.) *Women And Society*, Lady Doak College, Madurai, 2001.

（『プール学院大学研究紀要』四八号、二〇〇八年、掲載）

あとがき

本書で記した調査の実施にあたっては、多くの方々のご支援とご協力をいただいた。まず二〇一〇年から三年間、日本学術振興会の科学研究費の助成を受けることができたので、著者のインドでの長年の思いを部分的にでも実現することができた。現地においては、多忙ななかを喜んで協力してくださった南インドのタミール・ナードゥ州とカルナータカ州、西インドのグジャラート州、東インドの西ベンガル州において、本書に記したNGOのスタッフやワーカーの方たちには、本当にお世話になった。州の公用語だけでは足りないさまざまな言語で通訳をして下さった女性たちとは、通訳の仕方をめぐって諍いになったことも多々だが、たいてい自宅に招かれて、ご家族からも多くのことを学んだ。

グループで、あるいは個人で、時には何度も面談に応じてくださった一〇〇〇人を越える女性たちとの出会いは、その場所と共に深く心に残っている。面談したすべての女性の顔写真を撮らせて頂き、またお渡しした。本書に収録した写真もその一部である。すべての女性グループの活動や個々人のライフ・ストーリーを記すことはできなかったが、私との出会いがそれらの人たちにとっても人生の変化、あるいは記憶に刻まれるものとなったことを心から願っている。そのように願いながら対話してきたつもりである。ここに改めて、彼女たちや子どもたちの明日が、暴力から、餓えから、差別から自由であることを、隣人たちとの助け合いの中に生きることができる日々であることを、祈る。

また、キリスト教のアシュラム「雀の宿」(Sparrows Nest）や各地のヒンドゥー教のアシュラム、地方の行政機関、またバンガロールの合同神学大学（United Theological College)、グジャラート大学、コルカタのセランポール大学スセプターセンター（SCEPTRE Shrachi Center）にも情報収集などでお世話になった。

これらの多くの方々や関連機関の協力がなければ、州毎に言語も、文化や習慣も異なる広大なインドでの調査研究は不可能であった。

最後に、本書の出版に熱意をもって取り組んで下さったかんよう出版の松山献さんに、心より感謝したい。二〇一三年にキリスト教女性センター編で上梓した『女・生きる〜「女生神学塾」運動』においてもお世話になった。女たちの生きるための闘いと平和への願いは、国家や民族を超えてつながっている。読者の皆さまにはそのように両書をつないで読んで頂きたいと願っている。

二〇一八年五月三日　憲法記念日に

山下　明子

著者紹介

山下明子（やました・あきこ）

1944年石川県生まれ、同志社大学大学院神学研究科（修士）修了、元NCC（日本キリスト教協議会）宗教研究所研究員。現在、奈良大学非常勤講師、世界人権問題研究センター嘱託研究員。

関連著書として、『インド・不可触民の女たち』(1986年、明石書店)、『アジアの女たちと宗教』(解放出版社、1997年)、『戦争とおんなの人権』(明石書店、1997年)、『女・生きる～「女生神学塾」運動～』(キリスト教女性センター編、かんよう出版、2013年)、『沖縄にみる性暴力と軍事主義』(富坂キリスト教センター編、御茶ノ水書房、2017年）など。ビデオ作品として、『アンタッチャブルを脱ぐ　インド・ダリットの女たち』(VHS41分、ビデオ工房AKAME、2001年）など。

インド・ダリットの女たち ― 明日を拓くための自助グループづくり

2018年9月1日発行

著　者　山下明子

発行者　松山　献

発行所　合同会社　かんよう出版

〒550-0002 大阪市西区江戸堀2-1-1 江戸堀センタービル9階

電話 06-6556-7651 FAX 06-7632-3039 http://kanyoushuppan.com

装　幀　堀木一男

印刷・製本　有限会社　オフィス泰

ISBN 978-4-906902-58-3　C0036　Printed in Japan